인간이 된다는 건
참으로 힘든 일입니다

인간이 된다는 건 참으로 힘든 일입니다

초판 1쇄 발행 2024년 7월 29일

지은이 임재성

펴낸이 조기흠
총괄 이수동 / **책임편집** 박소현 / **기획편집** 박의성, 최진, 유지윤, 이지은, 김혜성
마케팅 박태규, 홍태형, 임은희, 김예인, 김선영 / **제작** 박성우, 김정우
디자인 studio forb

펴낸곳 한빛비즈(주) / **주소** 서울시 서대문구 연희로2길 62 4층
전화 02-325-5506 / **팩스** 02-326-1566
등록 2008년 1월 14일 제 25100-2017-000062호

ISBN 979-11-5784-760-0 03100

이 책에 대한 의견이나 오탈자 및 잘못된 내용은 출판사 홈페이지나 아래 이메일로 알려주십시오.
파본은 구매처에서 교환하실 수 있습니다. 책값은 뒤표지에 표시되어 있습니다.

hanbitbiz.com hanbitbiz@hanbit.co.kr facebook.com/hanbitbiz
post.naver.com/hanbit_biz youtube.com/한빛비즈 instagram.com/hanbitbiz

Published by Hanbit Biz, Inc. Printed in Korea
Copyright © 2024 임재성 & Hanbit Biz, Inc.
이 책의 저작권은 임재성과 한빛비즈(주)에 있습니다.
저작권법에 의해 보호를 받는 저작물이므로 무단 전재와 복제를 금합니다.

지금 하지 않으면 할 수 없는 일이 있습니다.
책으로 펴내고 싶은 아이디어나 원고를 메일(hanbitbiz@hanbit.co.kr)로 보내주세요.
한빛비즈는 여러분의 소중한 경험과 지식을 기다리고 있습니다.

인간이 된다는 건
참으로 힘든 일입니다

흔들리는 삶을 위한 괴테의 문장들

Es irrt der Mensch, solang' er strebt

임재성 지음

한빛비즈
Hanbit Biz, Inc.

차례

2장 | 소망이란 우리 안에 있는 능력의 예감이다
삶의 소망과 신념

3장 | 드러난 징후들로부터 그것을 알아내라
지혜와 배움

4장 | 인간은 노력하는 한 방황하는 법이니라
노력과 방황

5장 | 선한 인간은 어두운 충동 속에서도 올바른 길을 분명히 알고 있다
삶의 태도

6장 | 아름다움이란 어느 곳에서나 환영받는 손님이다
사랑 그리고 행복

들어가며

왜 지금 괴테를 읽어야 하는가. 삶에 지치고, 도저히 변하지 않을 것 같은 삶의 기세에 억눌려 자신의 삶을 쉽게 포기하는 시대다. 나 자신과 타인을 깊이 들여다보기보다는 얕은 쾌락을 좇아 회피하는 경향이 짙어진 탓에 함부로 사람을 낙인찍고, 짓밟는 경향이 강해졌다. 또한 행동하고 실천하며 부딪히기보다는 뒤에서 웅크리기 일쑤다. 괴테가 지금의 우리를 본다면 어떤 이야기를 할 수 있을까? 아마도 더 진하게 사랑하고 부딪히며 방황하더라도 더 나은 삶을 향하여 끊임없이 앞으로 나아가라고 할 것이다.

내가 괴테를 처음 만난 건 청춘 시절이었다. 만화, 무협지,

삼국지, 수호지에 빠져 있을 때 문학작품을 읽어 보겠다고 호기롭게 《파우스트》를 집어 들었다. 하지만 무슨 의미인지 도통 이해할 수 없어 조용히 책장을 덮을 수밖에 없었다. 당시 나에게 괴테는 도저히 넘을 수 없는 거대한 산 같았다.

그러다 책을 읽고 글을 쓰면서 다시 불멸의 작가 괴테를 만났다. 괴테의 글을 읽으면서 삶의 원형과 정수精髓, 본질을 꿰뚫는 통찰력, 근원을 파헤쳐 더 나은 삶으로 나아가려는 향상심向上心이 무엇인지 알 수 있었다. 그때 내 마음을 사로잡은 문장들을 수없이 발췌해 두었다. 괴테의 보석 같은 지혜를 발굴해 독자들에게 선물해 주고 싶었지만, 의미 있는 결과로 이어지지 못했다.

2020년에 다시 발췌해 두었던 괴테의 아포리즘을 만지작거렸다. 그렇지만 명쾌한 답을 찾지 못해 또 괴테와 작별해야 했다. 하지만 도저히 포기가 되지 않았다. 어떻게든 괴테의 빛나는 지식과 지혜를 독자들과 나누고 싶었다. 그래서 다시 괴테와 마주했다.

시간이 흘러도 괴테는 내 지식과 지혜로 넘을 수 없는 높고 고매한 산이다. 그렇다고 오를 생각도 하지 않고 포기한다면 괴테가 전하는 향상심에 반하는 것이라 생각해 내 능력만큼 올라 보자고 생각했다. 그러니 이 책은 괴테의 삶을 통해 길어 올린 나지막한 지혜의 집합체다. 그렇지만 티끌이 모여 산이 되는 법. 나지막한 지혜이지만 이것들이 쌓이고 쌓이면 괄목할 만한 삶의 결과를 만들 수 있는 산이 될 수 있으리라.

글에는 직선의 글이 있고 곡선의 글이 있다. 직선의 글은 독자에게 곧장 날아가 꽂힌다. 반면 곡선의 글은 수없이 곱씹어야 내 것으로 만들 수 있다. 괴테의 글은 곡선의 글에 가깝다. 수없이 곱씹어도 그 깊이를 아우르기 힘들 때가 많다. 그래서 철학적인 직선의 글을 함께 배치했다. 직선의 글은 쇼펜하우어와 니체를 선택했다. 동시대를 살았고 둘 다 괴테와 연관성이 있다. 쇼펜하우어는 괴테와 교류하면서 학문을 발전시켰다. 편지를 주고받고, 때로는 머리를 맞대며 삶과 지식과 연구를 나누었다. 색채는 함께 연구했다. 쇼펜하우어의 주저인 《의지와 표상으로서의 세계》에는 괴테의 작품이 많이 인용돼 있다. 쇼펜하우어는 괴테를 숭배할 정도로 존경했다. 괴테를 최고의 스승이라고 존경한 니체는 이렇게 말했다. "이제껏 괴테만큼 높은 경지에 다다른 인간이 있었던가?", "괴테를 뛰어넘는다는 것은 꿈에도 생각지 못할 일이다. 오히려 우리는 괴테가 한 대로 수없이 반복해야 한다." 《괴테와의 대화》를 읽고서는 "현존하는 독일 최고의 책이다"라고 극찬했다.

쇼펜하우어, 니체가 추구하는 사상의 결은 괴테와 다르

다. 하지만 사유 속에 흐르고 있는 인생에 대한 본질은 괴테와 맞닿아 있는 점이 많다. 누군가를 존경하면 그의 삶의 향기가 내 삶에 스며들지 않는가. 그래서 괴테의 아포리즘에 쇼펜하우어와 니체의 아포리즘을 연결해 오늘을 살아갈 빛나는 지혜를 발견하도록 했다. 곡선의 글에 직선의 글이, 직선의 글에 곡선의 글이 어우러지며 인간다운 삶을 향하도록 이끈다.

삶이 암울하고 고통스럽다고 여기저기서 아우성이다. 인간으로서 최소한의 양심조차 저버린 사람들이 난무하다고 우려한다. 고도화된 인공지능은 인간의 자리를 위협하고 있다. 노력해도 더 나은 삶을 기대하기 어렵다며 포기하는 안타까운 이야기가 자주 들린다. 이럴 때일수록 더욱 인간다운 삶에 관심을 둬야 한다. 인간이 된다는 건 참으로 힘든 일이지만, 그럼에도 인간다운 삶을 지향하고 그 삶을 위해 향상심을 덧입히자. 향상심은 괴테의 삶과 글의 행간에 담겨 있는 메시지다.

괴테도 우리처럼 방황하고 넘어졌다. 격랑이 일렁이는 시대 속에서 위태로운 격변기를 보냈다. 아버지의 과도한 기대로 자기 삶의 방향을 잡지 못해 갈피를 잡지 못했고, 첫 작품《젊은 베르테르의 슬픔》으로 한순간에 명성을 얻었지만《파우스트》작품이 나오기까지 숱한 고뇌와 좌절을 경험했다.

그럼에도 괴테는 삶을 한탄하거나 좌절하지 않았다. 숨지도 않았다. 기꺼이 자신과 세상을 마주하면서 생각을 정리하고 뜨겁게 무언가를 지향하며 부딪쳤다. 마음을 다잡으며 더 사랑하려 했고, 더 이해하려고 노력했고, 더 느껴 보려고 움직이며 행동했다. 괴테가 말년에 자신의 삶을 축약한 문장을 보면 그의 궤적이 보인다.

"사랑했노라. 괴로워했노라. 그리고 배웠노라."

괴테는 사랑의 사람이었다. 여성에 대한 사랑뿐만 아니라, 삶을 사랑했고, 사람을 사랑했고, 바이마르를 사랑했고, 지식을 발전시키고 이루는 것을 사랑했다. 사랑에는 고통이 뒤따르는 법. 그래서 괴로워했다. 사랑 때문에, 사람 때문에, 지식을 발전시키고 이루어 가는 과정에서 괴로워했다.

그럼에도 괴로움 때문에 삶의 끈을 놓지 않았다. 괴테는 정면 돌파를 선택했다. "자유도 생명도 날마다 싸운 자만이 누릴 자격이 있다"며 어린아이처럼 마음을 사로잡는 것에 몰두하며 치열한 삶을 살았다. 새벽 5시 30분부터 1시까지 글 쓰는 루틴을 평생 지켰다. "인간은 노력하는 한 방황하는 법"이라며 삶이 다할 때까지 배우고 익혔다. 죽기 한 해 전에 인류의 유산인《파우스트》를 완성할 정도로 열정적이었다. 괴테는 보다 인간다운 삶에 추동돼 평생을 살았다. 인간다운 삶을 지향하는 우리가 괴테의 아포리즘을 마주해야 하는 이유다. 인용된 글들은 괴테, 쇼펜하우어, 니체의 원문과 세 사람의 작품을 번역해 놓은 문장가들의 글을 토대로 필자가 윤문했다.

그밖에 독자 분들이 참고할 만한 책은 참고문헌에 정리해 놓았다. 이들 책을 참고한다면 더 깊이 괴테를 만날 수 있으리라.

이 책에는 괴테가 평생을 사색한 인간의 존재, 소망과 신념, 배움과 지혜, 노력과 방황, 삶의 태도, 사랑과 행복의 근원적인 본질이 담겨 있다. 그 본질에 쇼펜하우어와 니체가 화답한다. 인생의 변화는 현상이 아니라 본질을 보는 눈에 달려 있다. 보이는 것에서 보이지 않는 것을 보는 사람이 지성의 문을 열고, 삶의 원형과 정수, 본질을 알아차릴 수 있다. 그 본질을 삶에 녹여 낸 사람이 보다 인간적인 삶, 인간다운 삶을 살아간다. 괴테의 말에 귀 기울이고, 괴테와 대화하면서 '그대'라는 인생의 꽃을 활짝 피워 가길 나는, 소망한다.

존재한다는 것 자체가
의무입니다

"단 한 번뿐인 운명에 대해 너무 깊이 생각하지 마세요.
 존재한다는 것 자체가 의무입니다, 비록 그것이 순간적일지라도."
《파우스트》

삶이 쉽지 않다. 과학기술 발달로 생활은 편리해졌는데 삶은
그렇지 않다. 여전히 버겁다. 정치, 경제, 교육, 전쟁 등이 삶의
무게를 더한다. 이런 현실을 '아포리아Aporia'로 규정 짓기도 한
다. 아포리아는 그리스어로 '통로가 없는 것', '길이 막힌 것'이
라는 뜻이다. 어떻게 해 볼 수 없는 상태를 말한다. 암울하고
희망을 찾아보기 힘들다는 것이다.

인간은 희망을 잃으면 하지 말아야 할 선택을 하고 만다. 자신의 처지를 비관하고 포기한다. OECD 국가 중 우리나라의 자살률은 심각한 수준이다. 베스트셀러《신경 끄기의 기술》의 저자이자 유튜버인 마크 맨슨은 우리나라를 여행한 후 세계에서 가장 우울한 나라라고 말했다. 우울함이 극단적인 선택으로 이어진다는 것이다. 이럴 때 우리는 괴테의 아포리즘에 귀를 기울일 필요가 있다.

"존재한다는 것 자체가 의무입니다, 비록 그것이 순간적일지라도."

괴테가 존재하는 것이 의무라고 강조하는 것이 의아하다. 작가로서 불멸의 명성을 안겨 준 작품《젊은 베르테르의 슬픔》에서 괴테는 주인공 베르테르의 삶을 자살로 마감시킨다. (사랑하는 여인 로테와의 이루어질 수 없는 사랑에 비관해 목숨을 끊고 만다.) 당시 이 작품에 몰입한 많은 유럽인이 베르테르를 따라 존재하는 의무를 저버렸다. 작품의 파급력을 예상하지 못한 괴테는 비극적인 사회현상에 괴로워했다. 그래서 새로 쓴 책의 서문에 다음과 같은 글을 실었다.

"선한 영혼을 가진 분들이여, 만약 베르테르와 같은 충동을 느낀다면 그의 슬픔에서 위안을 찾으십시오."

괴테는 자신의 감정을 이해하고 받아들여야 내면의 평화

와 성장을 이룰 수 있다며 베르테르와 비슷한 처지에 있는 독자들에게 자기 치유와 성장을 기원한다. 그래야 그들이 존재의 의무를 저버리지 않을 것이라고 생각한 것이다.

괴테를 숭배할 정도로 존경한 쇼펜하우어는 인생사가 고통인 이유를 살아남고자 하는 인간의 본성 때문이라고 했다. 그러면서 이 세계의 본질이 '삶에의 의지', '살아남고자 하는 의지'라고 말한다. 삶에 대한 애착이 오늘을 살도록 이끈다는 것이다. 쇼펜하우어는 그 의미를 이렇게 말했다.

"이 세상의 모든 생물은 생존하려는 강한 의지를 가지고 있지만, 이 의지가 충분히 만족되지 않기 때문에 삶은 고통스러운 것이다."

원하는 대로 삶은 펼쳐지지 않는다. 뜻대로 되지 않는 게 세상살이다. 그래서 삶은 고통이다. 내가 원하는 대로 이루어지지 않고, 되는 것이 없기 때문이다. 그럼에도 우리는 삶에의 의지를 품어야 한다. 괴테의 말대로 존재하는 것은 의무이기 때문이다. 우리의 의지대로 세상에 온 것이 아니듯이 이 세상을 떠날 때도 우리의 의지대로 선택할 수 없는 게 인생이다.

우리는 어제도 내일도 아닌 오늘, 지금 여기를 살고 있다. 내일에 초점을 맞추면 만족하기 힘들다. 과거에 얽매여서도 나로 살기 힘들다. 그러니 오늘 내 삶에 의지를 불태울 하나를 찾아라. 그 하나가 오늘을 살아갈 의지를 만들어 줄 테니. 오늘 여기에 존재해야 할 단 하나의 이유가 존재할 의무를 지키도록 이끌어 줄 것이다. 순간마다….

그토록 깊은 아픔과 고통 속에
길을 잃었을지라도

"가련한 인간이 불가사의하게 태어나,
 그 많은 불가사의 속에서 방황하다 길을 잃고,
 갈 길을 찾지 못해 불확실한 발걸음으로
 어두운 문턱을 더듬어 가는가?
 생생한 하늘의 영광과 그 한가운데서
 내가 보고 느끼는 것은 밤과 죽음과 지옥뿐.
 그토록 깊은 아픔과 고통 속에 길을 잃었을지라도,
 그대는 젊음의 행복을 누리기 위해 태어났으니.
 용기를 내어 건강한 발걸음을 내디뎌라.
 오라. 하늘의 빛과 밝음을 벗 삼아,
 충실하고 착한 이들 사이에 그대가 있음을 느끼라.
 거기서 인생의 맑은 샘이 솟아나리라."
《빌헬름 마이스터의 편력시대》

인간은 자유를 갈망한다. 자유를 갈망하는 것은 인간의 본성이
다. 억압에서 벗어나 자신이 원하는 대로 살기를 원한다. 내면
의 욕구를 채우며 살고 싶다. 그러나 세월의 나이테가 많아질

수록 자유로운 삶을 살 수 없다는 것을 깨닫는다.

우리에게는 짊어져야 할 저마다의 삶의 무게가 있다. 학생이라면 배움의 과정에 짊어져야 할 무게가 있고, 직장인이라면 자신의 직책에 걸맞은 무게를 감당해야 한다. 가정에서도 저마다 짊어져야 할 무게가 있다. 삶의 무게를 감당하며 살아가야 하는 게 인간이다. 불가사의하게 태어나 불가사의들 속에서 길을 잃고, 길이 없어 불안과 고통스러운 삶을 살아야 한다. 쇼펜하우어는 이런 삶을 "모든 인생은 고통이다"고 정의한다.

고통의 삶, 불가사의한 삶에서도 괴테는 "젊음의 행복을 누리도록 태어났으니 용기 내어 곧 건강한 발걸음을 내디뎌라"고 조언한다. 가만히 보면 괴테의 삶도 평탄치 않았다. 그가 살았던 시대는 격동기였다. 괴테가 열일곱 살이던 무렵 프로이센과 오스트리아 사이에서 범세계적 전쟁인 7년 전쟁이 벌어졌다. 그 여파로 미국 독립 전쟁이 발발했다. 또한 프랑스 혁명과 나폴레옹의 흥망성쇠를 목격했다. 과학발전과 철학 사상들이 대두되던 시기였다. 자녀들의 삶도 평탄치 않았다. 첫째 아들 아우구스트 외에 다섯 남매가 먼저 세상을 떠났다. 살아남은 아들마저 괴테보다 먼저 삶을 마감한다. 그럼에도 괴테는 삶의 의지를 이야기한다. 용기 내어 건강한 발걸음을 내디디라고 말한다.

"이제껏 괴테만큼 높은 경지에 다다른 인간이 있었던가?"라며 괴테를 존경한 니체도 "네 운명을 사랑하라"고 말한다. 의심의 철학자였던 니체는 수많은 질문으로 삶이란 무엇인지에 대한 답을 찾는다. 그가 평생에 걸쳐 질문하며 깨달은 인생철학은 "나는 어떻게 이 삶을 사랑할 것인가?"였다. 그는 자신의 운명, 자기 삶을 사랑하는 방법은 이미 우리 안에 있다며 《유고》에 이렇게 적었다.

"모든 삶의 순간은 우리에게 무언가를 말하려 하지만, 우리는 그것을 들으려 하지 않는다."

니체의 철학을 대표하는 다음 말도 고통의 삶을 극복하는 힌트를 주고 있다.

"삶의 이유를 아는 사람은 그 어떤 상황도 견딜 수 있다."

그토록 깊은 아픔과 고통 속에 길을 잃었을지라도 두려워하지 말자. 행복의 길을 찾고 건강한 발걸음을 내디딜 수 있는 해답은 이미 우리 안에 있으니. 그 답은 행복한 삶을 희망하는 사람, 오늘 존재 이유에 대해 목마른 사람만 들을 수 있다. 세상의 소리, 스마트폰 소리는 조금 줄이고 내 마음이 전하는 소리에 귀 기울이자. 거기에서 인생의 맑은 샘이 솟아날 테니까.

자신을 잃는다는 것은,
모든 것을 잃는 것과 같다

"불행이도, 빌헬름! 내 활동력은 방향을 잃고
불안한 나태함으로 변하고 말았다. 멍하니 시간을 보낼 수도 없고,
그렇다고 아무 일도 손에 잡히지 않는다.
이제 공상도 사라지고 자연을 감상하는 감성도 없어졌으니,
책을 보려고 해도 구역질이 날 뿐이다.
우리가 우리 자신을 잃는다는 것은, 모든 것을 잃는 것과 같다."
《젊은 베르테르의 슬픔》

무한경쟁시대다. 잠시라도 한눈팔면 도태되는 세상이다. 오늘
의 친구가 내일은 경쟁자다. 사람과의 경쟁도 지치고 버거운데
인공지능마저도 내 삶의 자리를 노리고 있다. 뒤처지지 않기
위해 밤잠을 설쳐도 만족할 만한 결과는 요원하다. 내일은 또
내 자리를 지키기 위해 얼마나 노력해야 하는지 알 수 없다.

그러다 보니 내가 누구인지 잃고 산 지 오래다. 아니, 자

신을 들여다볼 시간조차 없다. 자신을 알아야 하는 중요성도 알지 못하고 그저 열심히들 살아간다. 살아남기 위해 발버둥 치고 있다는 말이 설득력 있게 다가온다. 이런 우리에게 괴테는 "우리가 우리 자신을 잃는다는 것은, 모든 것을 잃는 것이나 마찬가지다"라고 일갈한다.

괴테가 《젊은 베르테르의 슬픔》을 썼을 때는 스물다섯 살이었다. 약관의 나이를 갓 넘긴 청년이 인생의 정수를 이야기한다. 《젊은 베르테르의 슬픔》으로 불멸의 작가라는 호칭을 받을 만한 사유의 메시지다. 쇼펜하우어 역시 자신을 아는 것이 중요하다고 말한다.

"내가 나로서 존재할 수 없다면, 불멸을 위해 내가 가진 것 중 단 하나도 내놓지 않겠다."

"나는 누구인가?"

존재 이유를 찾고 삶의 의미를 발견하기 위해 던져야 할 첫 번째 질문이다. 우리는 이 질문에 답을 찾은 후 인생의 걸음을 시작해야 한다. 하지만 삶이 자신에게 집중하지 못하도록 방해한다. 특히 삶이 평탄할 때, 문제가 없을 때는 더욱 자신이 어떤 사람인지 관심이 없다. 지금의 삶이 영원할 것이라고 착각하는 것이다.

어리석게도 인간은 고통 속에 있을 때라야 비로소 자기

내면을 직시한다. '내가 왜 이런 고통을 당하게 되었지?', '나는 도대체 누구란 말인가?'라며 자조 섞인 의문을 던진다. 고통의 이유를 발견하려는 몸부림이다. 이때라도 해답을 찾으면 괜찮다. 그러면 괴테의 말처럼 게으름, 무기력, 메마른 감성을 회복할 수 있으니.

독일에 괴테와 쇼펜하우어가 있다면 우리나라에는 다산 정약용이 있다. 다산은 그들과 동시대를 살았다. 삶의 터전은 다르지만 그 시대 속에서 사유의 깊이는 일맥상통했다. 다산도 자신을 잃어버리는 것을 경계한다.

다산이 유배 가기 전의 일이다. 큰형인 정약현의 집을 방문했는데 서재의 당호가 '수오재守吾齋(나를 지키는 집)'였다. 다산은 '나와 굳게 맺어져 떨어질 수 없는 것이 나인데, 비록 지키지 않는다 한들 내가 대체 어디로 간다고 이런 이름을 붙이는가'하고 이상하게 여겼다. 그러다 사학을 숭배했다는 이유로 장기현(포항)으로 유배당한다. 유배지에서 수오재를 묵상하다 깨달음을 얻고 '수오재기守吾齋記'라는 글을 적는다.

"천하 만물 가운데 지킬 것은 하나도 없지만 오직 나만은 지켜야 한다. 잠시 살피지 않으면 어디든지 못 가는 곳이 없다. 이익으로 꾀면, 위세와 재앙이 두렵게 하면 가 버리고, 아름다운 음악 소리만 들어도 떠나고, 눈썹이 새까맣고 이가 하얀 미인의 요염한 모습만 봐도 자리를 떠난다. 한 번 가면 돌아올 줄을 몰라서 붙잡아 만류할 수가 없다. 그러니, 천하에 나보다 더 잃어버리기 쉬운 것은 없다. 어찌 실과 끈으로 매고 빗장과 자물쇠로 잠가서 나를 굳게 지켜야 하지 않겠는가. 나는 허술하게 간직하였다가 나를 잃어버린 자다."

다산은 삶이 무너진 후에야 자신을 성찰했다. 자신을 잃는 것이 삶을 무너뜨린 이유라고. 그래서 빗장으로 잠그고 자물쇠로 채우고 밧줄로 묶어서라도 나를 지키라고 강조한다.

괴테도 자신의 자서전《시와 진실》에서 같은 메시지를 전한다.

"사람은 누구나 자신의 결점을 통해 비로소 자신을 다시 인식한다."

지금 삶이 고통스럽고, 문제투성이인가. 하릴없이 지내고 일이 손에 잡히지 않는가. 자연의 아름다움, 어린아이들의 웃음소리에도 마음이 미동도 하지 않는가. 그렇다면 지금이 기회다. 잃어버린 나를 찾는, 자신을 재인식하는.

1장
존재한다는 것 자체가 의무입니다
비록 그것이 순간적일지라도

자신을
고귀한 인간이라고 생각하자

"나는 있는 그대로의 자신에게 만족했고, 자신을 고귀한 인간이라 여겼기에,
설령 군주로 여겨진다 해도 그것을 특별히 신기하게 여기지 않았을 것이다."

《괴테와의 대화》

인간은 관계의 동물이다. 다른 사람들과 관계 속에서 소통하고, 배우며 성장한다. 관계에 실패하면 일도 삶의 의미도 찾기가 힘들다. 자기 삶을 살아가기가 어려운 것이다. 그런데 현대인은 관계를 제일 어려워한다. 일보다 관계의 어려움을 토로하는 사람들이 더 많다. 이런 우리에게 괴테는 "있는 그대로의 자신에게 만족하라"고 말한다. 스스로가 고귀하다고 생각해야 다

른 사람의 판단이나 결정에 흔들리지 않기 때문이리라.

원활한 관계를 맺지 못한 사람은 대부분 자신을 스스로 고귀하게 생각하지 않는다. 자신과의 관계가 좋지 않은 것이다. 자신을 존중하지 않고 부정적으로 평가하며 자신을 깎아내린다. 있는 그대로의 자신을 봐 주지 못하고 못마땅하게 여기는 삶은 파열음을 만들어 낸다. 문제를 끌어당기고 관계를 깨뜨린다.

자신에게 만족하지 못한 사람의 마음에는 아픈 상처가 자리하고 있다. 성장하면서 부모님께 받은 영향, 친구와의 관계, 외모, 가정환경, 학벌, 경제력, 스펙, 결혼, 자녀 문제 등의 영향으로 자신을 긍정하지 못하는 것이다. 아픈 마음이 자꾸만 시선을 다른 곳으로 유도해 자신을 돌보지 못하도록 방해한다. 나도 나를 어찌할 수 없을 정도로 강력하다. 그럼에도 우리는 지금의 나를 존중하고 인정해 줘야 한다. 괴테는 《온건풍자시집》에서 다시 한번 강조한다.

"세월이 흐름에 따라 미지의 경험을 많이 할지라도, 항상 있는 그대로의 모습으로 살며, 자기 자신을 잃지 않도록 노력하라."

괴테를 존경했던 니체는 인간의 나약함을 지적하며 삶을 바꾸며 나아갈 철학을 제시한다. 그 중심에는 '초인 사상'이 있었다. 니체가 말하는 초인은 '자신을 극복하고 초월'하는 인간 유형을 뜻한다. 그러기 위해 자신을 존중해야 한다고 《이 사람을 보라》를 통해 강조한다.

"그대가 아무것도 성취하지 못했더라도 자신을 존경하라. 상황을 바꿀 힘이 있기 때문이다. 또한 자신을 함부로 비하하지 말라. 삶의 방식을 변화시키면 그대도 지금의 상황을 바꾸고 꿈을 이룰 수 있을 것이다. 멋진 인생을 만드는 첫걸음은 자신을 존중하는 데 있다."

있는 그대로의 자신에게 만족하려면 니체의 말처럼 자신이 이룬 성취나 겉으로 드러난 그 무엇으로 판단하지 말아야 한다. 겉으로 드러난 결과나 성취에 초점을 맞추면 결코 만족할 수 없다. 인간의 욕망은 끝이 없기 때문이다. 하나를 갖고 싶어서 안달하다가, 그 하나를 가지면 이제는 두 개를 갖고 싶어 하는 게 인간이다. 끝을 모른 채 폭주하는 욕망의 기관차이다. 그래서 성취가 아니라 존재에 대해 시선을 돌려야 한다.

지금 존재하고 있는 그 자체를 인정하고 만족하자. 세상에 단 하나밖에 없는 유일한 나를 바라보자. 다른 사람의 시선이 아닌, 다른 사람이 인정해 준 그 무엇이 아닌, 있는 그대로의 나를 보자. 나는 나다. 그 누구도 대체할 수 없다. 직장이 없어도, 배움이 부족해도, 재산이 없어도, 잘난 모습이 아니어도,

결혼을 못 해도 나는 세상에 하나밖에 없는 나다. 그런 나를 고귀하게 바라보라. 나를 인정하고 사랑하라. 나를 인정하고 위로해 줄 수 있는 사람은 바로 나임을 잊지 마라. 내가 인정하고 바라봐 주면 나도 칭찬받고 싶어서, 나로 살고 싶어서 자신을 잃지 않으려고 힘을 낼 수 있으니. 나로 존재하는 시작점은 나를 만족하고 고귀한 사람이라고 생각하는 데서 출발한다.

과거에 구속될
어떠한 이유도 없다

"과거는 그대로 흘려보내는 것만으로 충분하다. 최소한 현재를 살아가는
사람에겐 그럴 자유가 있다. 과거에 구속될 어떠한 이유도 없다."

《파우스트》

오늘 나의 존재는 지금까지 삶의 합이다. 과거의 삶이 더해져
오늘 내가 존재한다. 그런 의미에서 과거는 중요하다. 하지만
과거에 사로잡혀 자기 삶을 살지 못한다면 과거를 바라보는
태도를 점검해 봐야 한다. 괴테는 이런 우리에게 "과거에 구속
당할 어떠한 이유도 없다"고 조언한다.

괴테는 변화와 도전을 두려워하지 않았다. 그는 라이프치

존재한다는 것 자체가 의무입니다
비록 그것이 순간적일지라도

존재의 이유

히 대학교에서 법률학을 공부한 후 스물두 살에 변호사가 되었다. 하지만 문학과 예술, 과학에 대한 열정을 좇아 다양한 분야에 도전했다. 한 분야에만 머무르지 않고 새로운 분야로 나아갔다. 괴테가 변화의 삶을 꾀한 것은 시대의 영향이 크다. 당시 유럽은 사회적으로 격변기였다. 정치도 안정되지 않아 전쟁이 잦았다. 문예사조(고전주의, 계몽주의, 낭만주의)도 다양했다. 이런 시대 속에서 과거의 사상이나 전통에만 머물러서는 발전할 수 없다고 여겼다.

그래서인지 그의 작품에서는 '향상심'에 대한 이야기로 가득하다. 《빌헬름 마이스터의 수업시대》는 교양소설의 기원을 이루는 작품이었다. 교양소설은 어른이 되어 가는 어린 주인공의 성장에 초점을 맞춰 하나의 자아가 자기 세계를 완성해 가는 과정을 그린다. 성장소설이라고도 부른다.

세기의 역작인 《파우스트》는 괴테가 80여 년의 삶을 통해 깨달은 지혜를 집대성한 작품이다. 인간의 한계를 뛰어넘으려는 노력을 그렸으며 과거의 지식에 안주하지 않고 새로운 지식과 경험을 추구하는 인간의 욕구를 강조한다. 과거가 오늘 삶에 영향을 주지만 현재를 살고 미래를 향하는 것이 더 의미 있다는 것을 이야기한다. 과거는 그저 과거일 뿐이라며 말이다.

쇼펜하우어도 과거를 대하는 태도를 중요하게 생각한다.

"이미 불행이 닥쳐서 지금은 어쩔 수 없는 경우에는 '이런 일이 일어나지 않았으면 좋았을 것을, 이렇게 했다면 피할 수 있었을 것을'이라는 식으로 괴로워하는 것은 좋지 않다. 그런 생각에 빠져 있으면 마음만 더 아파져 견딜 수 없게 된다."

쇼펜하우어는 이미 지난 일은 현재에 어떻게 할 수 없다고 조언한다. 이미 지나 버린 일에 연연하며 괴로워하지 말라는 것이다. 지난 일에 생각과 마음이 집중되면 마음만 아파져 참을 수 없을 지경에 이르게 된다고 말한다.

니체의 철학은 허무주의이다. 무의미한 삶에서 어떻게 벗어날 수 있을까를 고민했다. 니체는 이 문제를 해결하기 위해 생각을 바꿔야 한다고 말한다. 어떤 것을 의지했다면 이제는 자신만을 의지해야 한다고 강조한다. 자신을 의지하려면 과거에 구속당해서는 곤란하다. '그럼에도 불구하고 나는 오늘 내 삶을 살 거야'라는 생각의 전환이 필요한 것이다. 니체는《즐거운 학문》을 통해 우리가 오늘을 살도록 이끌어 준다.

"나는 비난하지 않으련다. 나는 비난하는 자도 비난하지 않으련다. 눈길을 돌리는 것이 나의 유일한 부정이 될 것이다."

니체는 과거에 구속당하지 않아야 함을 강조한다. 그러면서 자기 운명을 사랑하라고 말해 준다. 현재 자신을 사랑하게 되면 언젠가는 긍정하는 자가 될 것이라며 말이다.

과거는 과거일 뿐이다. 과거의 일은 내가 바꿀 수 없다. 괴테의 말처럼 과거를 그대로 흘려보내라. 과거에 구속당할 어떤 이유도 없다. 운명론에 휩싸여 흔들릴 필요도, 지나 버린 불행에 고개 숙일 필요도 없다. 인생은 결국 내가 만들어 가는 것이다. 오늘 나의 삶을 살면서 미래로 흘러가야 한다. 더 나은 미래로. 더 가치 있는 삶으로. 괴테도 쇼펜하우어도 니체도 자기 삶을 살아가라고 마르고 닳도록 이야기해 준다. 마지막으로 니체가 전하는 메시지를 마음에 새기며 나의 삶을 살아가자.

"자신을 원하라, 그러면 너 자신이 될 것이다."

1장
존재한다는 것 자체가 의무입니다
비록 그것이 순간적일지라도

정신이 순수하고 확고한지
점검하라

"일상의 의무를 그때그때 즉각적으로 살피고 계속하라.
또한 마음과 정신이 순수하고 확고한지 점검하라. 그리하여 자유롭게
숨을 쉬며 자신을 일으킬 여유를 얻게 되면, 그대들도 분명히 숭고함을
올바르게 이해하게 될 것이다."
《빌헬름 마이스터의 편력시대》

존재하려면 오늘 하루를 살아 내야 한다. 삶이 고통스러워도
살아가야 한다. 에리히 프롬의 말처럼 생명은 성장하고 표현
하며 스스로 살아가는 성향이 있다. 이 성향이 좌절되면 생명
을 향하던 에너지가 붕괴 과정을 거쳐 파괴로 향하는 에너지
로 변한다. 그래서 오늘 일상의 의무를 그때그때 살펴봐야 한
다. 성장을 위해 무엇을 해야 할지 스스로가 알아야 한다. 괴테

는 무엇보다 마음이 순결하고 정신이 확고한지 점검하라고 조언한다. 그래야 숭고함에 대해 올바른 태도를 보일 수 있게 된단다.

꿈을 품고 그것을 이루어 가기가 힘든 세상이다. 그러다 보니 '한 방'을 노리는 사람들이 많아졌다. 목표를 세우고 노력해서 결과를 만들어 가기보다는 '한 방'으로 인생을 역전시킬 거리를 찾는다. 영혼까지 끌어 모아 가상화폐, 부동산, 주식에 투자하고 도박도 마다하지 않는다. 복권방을 들락거리며 한 주 한 주 희망과 좌절의 이중주 삶을 살아간다. 척박한 삶을 극복하기 위한 몸부림이긴 하지만 박수를 쳐 주고 응원해 줄 수는 없는 것 같다. 이럴 때《젊은 베르테르의 슬픔》을 만나는 것도 좋은 방법이다.

괴테는 스물다섯 살에《젊은 베르테르의 슬픔》을 쓰고 불멸의 작가라는 호칭을 얻는다. 여기저기서 베르테르의 옷차림을 하며 흉내 내는 사람들이 많아졌다. 자살하는 사람이 늘어나 사회적으로 문제가 되기도 했다. 비평가들은 자극적인 소재로 이목을 끌려는 태도였다며 쓴소리를 날렸다. 괴테도 자살하는 사람들을 보며 안타까워했다. 하지만 괴테가《젊은 베르테르의 슬픔》을 쓴 목적은 따로 있었다. 괴테는 에커만에게《괴테와의 대화》에서 그 의도를 이렇게 말했다.

"순수한 감정과 뛰어난 통찰력을 지니고 있으면서도 몽상에 사로잡혀 자신만의 삶을 잃고, 부질없는 사랑에 대한 정열로 인해 파멸해 가는 젊은이를 통해 한 인간의 자아 붕괴 과정을 보여 주고 싶었다."

몽상에 사로잡히면 자기만의 삶을 살 수 없다. 자신을 일으켜 세울 수도 없다. 나이를 먹어도 여전히 미숙한 삶을 살게 된다.

쇼펜하우어도 행복한 삶을 살아가려면 정신의 풍요가 중요하다고 말한다.

"정신이 풍요로워질수록 내면의 공허한 공간이 줄어든다."

지혜로운 사람은 삶에 문제가 생길 때 해결책을 외부에서 찾지 않는다. 자신 안에서 찾는다. 내면을 더 풍요롭게 하며 삶의 문제를 극복해 나간다. 그러니 공허함이 들어설 자리가 없다.

니체도 정신을 풍요롭게 하라고 조언한다. 누구나 정신적으로 부자가 될 수 있다고 말하며 그 조건을 이렇게 전한다.

"성실하고 정직하며 예의 바르고 우아하며 자존 자애하고 자립 자강할 수 있는 사람이 진정한 부자다."

삶이 고달픈가. 이럴 때일수록 자극적인 것으로부터 멀어져라. 대신 정신이 풍요로워지는 것에 시선을 돌려라. 그것들은 의외로 너무나 작고 소박한 것일 수 있다. 작은 것에 감사하는 마음, 누군가에게 건네는 친절한 인사, 아름다운 자연에 감탄하는 것일 수 있다. 내 존재에 대한 본질적인 물음에 답을 찾는 것도 중요하다. 그러니 주저하지 말고 내 마음이 풍요로워지는 것을 찾아 일상의 여백을 채워라. 그러면 머지않은 날 그대의 삶을 살아가고 있는 자신을 발견할 테니.

1장
존재한다는 것 자체가 의무입니다
비록 그것이 순간적일지라도

내가 지키고자 하는 것은
무엇인가

"정원이나 건물, 옷이나 장신구, 또는 그 어떤 재산에 큰 가치를 두는
사람들은 비교적 사회성과 협조 정신이 적습니다.
그들은 인간들을 보지 못하고 놓치게 됩니다."

《빌헬름 마이스터의 수업시대》

물질만능시대다. 많은 사람이 물질적인 것에 가치를 두며 무엇
을 소유했느냐로 사람의 가치를 논한다. 정원, 건물, 옷, 장신
구, 어떤 재산에다 큰 가치를 두고 사는 것이다. 무시당하지 않
으려고 무리해서 명품을 사고, 큰 차와 집을 선택하는 동안 우
리의 생각과 마음에 '사람'이 없어졌다. 어떤 대학을 나왔고,
어떤 회사에 다니며, 어떤 지역, 어떤 아파트, 어떤 차를 타고

다니느냐가 더 눈에 들어온다. 현대인'

는 현상이다.

괴테가 추구하는 가치는 '향상심'이었ㄴ

지향하는 한 방황하는 법"이라며 더 나은 미래로 ';

음을 작품 곳곳에서 이야기한다. 실제 괴테는 다방면에서 ';

가적인 식견을 갖추었다. 세계적인 문학가, 연극 감독, 식물학

에도 해박한 지식을 갖추었다. 식물학자인 베르너 라이히트아

젠은 괴테에게 "식물학자로 연구하셔도 되겠습니다"라는 편지

까지 써 줄 정도였다. 해부학, 물리학, 색채 연구, 그림, 음악까

지 섭렵했다. 정치가의 능력도 탁월해 바이마르공국의 재상에

까지 오른다. 그는 이렇게 다방면에서 탁월한 능력을 발휘하며

진정한 삶의 가치를 이야기했다. 더 나은 삶을 살기 위해 오늘

혼신의 노력을 기울이라고 말이다.

열심히 사는 것은 중요하다. 하지만 무엇을 위한 열심인

지를 아는 것이 우리에게는 더 필요하다. 아무리 열심히 살아

도 방향이 올바르지 않으면 자기 존재의 가치가 무의미해지기

때문이다. 그래서 지금 품고 있는 가치에 대해 점검이 필요하

다. 괴테는 그 의미를 《서동시집》에 이렇게 남겼다.

"자신을 지키는 자는 명예를 얻고 찬사를 받는다. 이때 중

요한 것은 자신이 '지키고자 하는 것은 무엇인가'이다."

쇼펜하우어도 소유에 대해 깊이 고민한 흔적이 보인다.

"은총이 기적처럼 내게 그것을 허락할지라도, 그것을 소유함으로써 내 삶이 부끄러워진다면 나는 그것을 움켜쥐지 않겠다."

우리는 더 많이 소유하려고 사는 것 같다. 의대를 가려면 유치원 때부터 준비해야 한다며 오늘 풍요롭게 존재하는 자유를 빼앗는다. "다 너의 미래를 위한 것"이라며 말이다. 모두가 겉으로 드러난 바깥의 목적에 관심을 두지만, 인간은 무언가를 소유하기 위한 수단이 아니다. 자기 존재의 의미를 찾고 그 안에서 풍요를 누리며 살아야 하는 존재다. 존재 자체를 목적 삼아 살아가야 한다.

니체도 쇼펜하우어의 말을 인용해 오늘 자신의 마음과 생각이 무엇에 집중되고 있는지 점검하라고 말한다.

"진실로 사랑한 것은 무엇이었는가? 마음을 가득 채우고 기쁨을 안겨 주었는가? 지금까지 자신은 어떤 것에 몰입하였는가?"

자신이 사랑하고, 기쁨을 얻고, 몰입하고, 더 높은 차원을 향하도록 이끌어 준 것들에 대한 답이 곧 자신이라는 것이다.

그러니 오늘 무엇에 관심을 두고 살아가는지 점검하자. 의사 눈에는 아픈 사람이, 농부는 농사지을 땅과 날씨가, 지친 사람은 쉴 공간이 보이는 것처럼 내가 추구하는 것이 눈에 잘 띄기 마련이다. 나는 지금 무엇을 주목하고 찾고 추구하고 있는가. 지금 보려고 하고, 보고 있는 것이 나일 수 있다. 인간은 갈망하는 것을 찾고 주목하고 추구하는 존재니까.

나를 아는 길은
행동을 통해서만 가능하다

"어떻게 하면 자기 자신을 알 수 있을까. 생각해 봤자 헛수고다.
행동을 통해서만 가능하다. 당신의 의무를 다하라.
그렇게 되면 당신이 어떤 인간인지 바로 알 수 있다."

《잠언과 성찰》

'나다움', '나로 살라'라는 말이 넘치는 세상이다. 나로 사는 것
이 행복한 길이라며 말이다. 나로 살지 못하게 하는 것은 싸워
서 이겨야 하는 대결 상대로 본다. 사회에서 지켜야 하는 규칙
과 규율, 의무마저 자신의 의지와 상반되면 대결구도로 몰아간
다. 때로는 부모의 조언마저도 장애물로 여긴다. 그런데 나로
살아가는 데 가장 큰 장애물은 외부 조건이나 상황에 있지 않

다. 정작 자신이 자기를 잘 모르는 것에 있다.

자신이 어떤 사람인지 알기 위해 참 많은 것에 관심을 가진다. MBTI로 자신을 살피고, 타로나 혈액형으로도 자기 존재 이유를 밝히려 한다. 책을 읽고 강의를 듣기도 한다. 이외의 다양한 방법으로 자기 존재 이유를 알려고 한다. 이런 노력은 자기 존재 이유를 밝히는 데 마중물이 될 수 있다. 하지만 진짜 자신을 알 수 있는 방법은 따로 있다고 괴테는 말한다. 그것은 바로 행동이다. 괴테는 행동을 통해서만 자신이 어떤 인간인지 알 수 있다고 말한다.

괴테는 행동하는 문학가였다. 아버지의 권유로 법학을 공부하다가 문학으로 방향을 선회한다. 스물다섯 살에 쓴 《젊은 베르테르의 슬픔》이 불멸의 히트작이 되지만, 처음부터 애정소설을 쓰려는 의도는 없었던 것 같다. 차분하게 계획하고 준비해서 쓴 것보다는 당시 자신의 감정과 상황에 행동으로 옮긴 결과로 보인다. 샤를로테 부프라는 여인과의 이루어질 수 없는 사랑, 베츨라르 시절에 알고 지내던 외무부 서기관 카를 빌헬름 예루살렘이 유부녀를 사랑하다 자살한 소식은 그냥 지나칠 수 없었다. 그래서 단 4주 만에 고통스러운 청춘의 삶과 사랑을 소설로 완성해 낸다.

그 후 바이마르로의 이주, 바이마르에서의 답답한 상황을 돌파하기 위해 서른일곱의 나이에 훌쩍 떠난 이탈리아 기행 등은 괴테가 행동하는 문학가였음을 증명한다. 괴테의 이런 삶의 태도는 《빌헬름 마이스터의 편력시대》에도 잘 드러나 있다.

"어떻게 자기 자신을 알 수 있을까? 관찰을 통해서는 결코 안 된다. 행동을 통해서나 가능하다. 네 의무를 다하도록 힘써라. 그러면 너에게 무엇이 문제인지 곧 알게 될 것이다."

자신이 누구인지는 지식으로는 알 수 없다. 다양한 검사도 누군가의 조언도 효과적이지 못하다. 직접 부딪쳐 보는 것이 제일 정확하다. 시간과 경제적인 상황이 뒷받침되어야 하지만 직접 부딪쳐 보는 과정에서 진짜 자신이 누구인지 알게 되고 증명된다.

니체도 행동의 중요성을 강조한다. 《즐거운 학문》에서 새로운 자신을 만들기 위해 행동해야 한다고 말한다.

"사람은 항상 껍질을 벗고 새로워져야 하며, 항상 새로운 삶을 향해 나아가려고 해야 한다. 한층 새로운 자아를 만들기 위한 변화를 평생 동안 멈추지 마라."

쇼펜하우어는 성격이 자신을 알 수 있는 좋은 도구라고 했다. 그러면서 성격은 변하지 않는 것이라고 했다. 그렇다고 죽을 때까지 변하지 않는 것은 아니며 교육과 행동으로 제2의 성격을 만들 수 있다고 말한다. 또한 자신이 실제로 겪어 봐야 자신의 능력과 갈망하는 것을 구별할 수 있다고 봤다. 그 의미를 쇼펜하우어는 이렇게 말한다.

"물고기는 물에 있어야, 새는 공중에 있어야, 두더지는 땅속에 있어야만 행복하다."

자신이 어떤 사람인지 아는 것은 일상적인 행동에 있다. 자신이 좋아하는 공간, 매일 반복하는 행동, 자주 쓰는 언어의 패턴, 자꾸 시선이 가고 추구하게 되는 것, 가슴을 뛰게 하는 것들이 지금의 나를 대변한다. 해 보고 싶고, 나도 모르게 하게 되는 것이 지금의 나다.

내가 누구인지 알고 싶다면 가만히 있지 말자. 계산하지도 말자. 해 보고 싶고, 하고 싶은 것에 반응하며 살자. 행동하는 일상이 모이고 쌓이면 나의 일생이 되는 거니까.

새로운 어른으로
성장하는 법

"폐하, 젊은이라도 신임을 얻게 되면,
아무도 모르는 새로운 어른으로 성장하는 법입니다."

《파우스트》

인간은 인정받을 때 행복할 수 있다. 인정받을 때 자신이 가치
있는 존재라고 느낀다. 자신감과 자부심을 느낀다. 살아갈 맛
을 제공한다. 아이들은 부모의 인정과 사랑 없이 건강하게 성
장할 수 없고, 직장인은 회사의 인정 없이 지속해서 일할 수 없
다. 군자는 자기를 알아주는 사람을 위해 목숨을 바칠 수가 있
다. 국민의 지지를 받지 못하는 정치인의 생명은 오래가지 않

는다. 괴테의 말처럼 우리는 인정(신임)받으면서 점점 새 어른으로 성장하게 된다.

괴테는 부모의 사랑과 인정 속에서 유년시절을 보냈다. 바이마르공국으로 갔을 때는 여덟 살 아래 아우구스트 대공의 전폭적인 신임을 받으며 지냈다. 군주는 괴테가 정치적인 입지를 다지며 공국을 다스릴 수 있도록 도왔고, 작품 활동에 방해되지 않게 배려했다. 괴테도 군주가 부탁한 일은 사양하지 않았다. 국립극장 운영, 광산 개발, 국가 재정의 계획과 집행, 프로이센이 프랑스와 전쟁할 때는 전투 참모로 참여하기도 했다. 괴테의 역작은 부모 및 군주의 신임, 대중의 사랑과 인정의 토대 속에서 탄생한 것이다.

반면에 쇼펜하우어는 부모의 인정과 사랑을 받지 못했다. 그래서인지 불안이 심했다. 이발사에게 면도를 맡기지 않을 정도였다. 쇼펜하우어는 베스트셀러를 확신하며《의지와 표상으로서의 세계》를 펴냈다. 하지만 동시대 교수들은 그의 저서를 무시했다. 쇼펜하우어는 자신의 역작을 몰라보는 그들을 증오하고 분노했다.

하지만 괴테는 달랐다. 그의 논문을 극찬해 주었으며,《의지와 표상으로서의 세계》를 보고도 만족감을 드러냈다. 쇼펜하우어는 괴테의 인정이 큰 힘이 되었고 학문과 연구를 지속할 힘을 얻었다. 괴테가 색채를 연구할 때 함께 토론하고 참여했으며 《색채론》을 쓸 수 있도록 도왔다. 자신도 색채 연구에 대한 논문을 발표했다.

자기 존재감을 확장하며 지속해서 성장하려면 누군가의 신임과 인정이 필요하다. 밥을 먹고 잠을 자며 생리적인 욕구를 충족시켜야 삶을 영위할 수 있듯이, 인정욕구도 지속해서 채워져야 하는 심리적 욕구이다.

그런데 요즘은 관심과 인정을 받으려고 애쓰는 모습들이 지나칠 정도다. 사진 한 장도 자신이 보는 것보다 누군가에게 보여 주기 위한 용도로 찍는다. 자신을 속이면서까지 남의 인정에 목말라하고 있다. 이런 우리의 세태를 예감이나 하듯이 쇼펜하우어는 이렇게 말했다.

"우리가 무언가를 할 때 제일 먼저 생각하는 것은 남들이 뭐라고 생각할지이다. 인생의 고민 절반은 이 점에 대한 걱정이 원인이다."

쇼펜하우어는 남들의 시선을 의식하는 원인을 불안으로 꼽았다. 매우 민감하고 쉽게 상처받는 쓴 뿌리가 불안을 일으킨다고 보았다. 그래서 내 삶의 쓴 뿌리에 관심을 가져야 하고 그것을 해결하려는 의지가 필요하다. 그러면 남의 시선에 크게 신경 쓰며 살지 않게 된다.

사람들의 인정과 신임은 필요하다. 하지만 그럴듯한 포장으로는 신임을 얻을 수 없다. 신뢰의 꽃망울은 하루하루의 삶이 쌓여서 피어난다. 니체가 《방랑자와 그 그림자》를 통해 전하는 조언으로 그 의미를 확인해 보자.

"타인의 신뢰를 얻고자 한다면 말로 자신을 강조할 것이 아니라, 행동으로 보여 주는 수밖에 없다."

내가 신임과 인정을 받아야 할 사람은 나의 SNS를 클릭하고 '좋아요'를 눌러 주는 사람들이 아니다. 나와 매일 얼굴을 맞대고 함께 호흡하는 사람들이다. 그러니 나도 잘 모르는 사람들에게 인정받으려고 애쓰지 마라. 그 열정과 시간을 가까운 사람들을 위해 써라. 가까운 사람들에게 인정받기 위해 진실하고 흔들림 없이 행동하라. 그럴 때 당신은 가족과 주변 사람들도 모르는 새로운 어른으로 성장해 있을 테니까.

가장 고귀한 것은
또다시 살아가려고 하는 희망

"우리의 감정 속에서 가장 고귀한 것은, 운명이 우리를 완전한 무無로 떠미는 것 같을 때에도, 또다시 살아가려고 하는 희망이다."

《문학론》

우리 삶은 오선지 도돌이표 같다. 비슷한 패턴으로 삶이 지속되는 것이다. 삶의 목표를 세우고 전진하다 뜻대로 되지 않으면 지레 절망하며 포기한다. 그러다 희망이라는 선물을 받고 다시 일어설 마음을 품고 걸어간다. 지리멸렬한 일상이 지속되면 다시 원망의 싹이 움트고 절망 속으로 빠져든다. 운명이 우리를 완전한 무無로 떠미는 것 같은 느낌을 받는다. 이럴 때 우리에게 필요한 것은 희망이다. 또다시 살아가려고 하는 희망만이 오늘의 삶을 살게 한다. 괴테는 이런 삶의 이치를 《빌헬름 마이스터의 편력시대》에서 이렇게 묘사한다.

"우리의 운명은 종종 한겨울 벌판의 나무와 같아 보입니다. 그 황량한 겉모습을 보고 어느 누가 저 굳어 버린 가지들과 갈라진 잔가지들이 다음 해 봄에 다시 푸르러 꽃을 피우며, 다시 열매를 맺으리라고 상상하겠습니까. 하지만 우리는 그렇게 희망하며 또 그렇게 될 것임을 압니다."

괴테의 삶도 우리처럼 부침이 있었다. 인간의 본성과 삶의 원형을 적나라하게 묘사한 불멸의 작품 《파우스트》는 쉽게 완성되지 않았다. 장장 60년 동안 수정과 편집을 거듭해야 했다. 젊은 시절에서는 청춘의 절실한 인생의 의미를, 중년에는 삶의 고뇌를, 노년에는 인생의 무르익음과 지혜를 덧입혀 씨줄과 날줄로 엮어 냈다. 숱한 삶의 나날을 높은 이념의 세계로 다다르려는 파우스트로 살았고, 자기 삶을 파멸시키려는 악마 메피스토의 유혹을 뿌리치려는 몸부림으로 보냈다. 자기 스스로 만족스러운 순간을 맞이하면 "멈추어라, 너 정말 아름답구나"를 외쳐야 한다. 그러면 메피스토가 파우스트의 영혼을 지옥으로 인도하여 영원히 그의 영혼을 차지하게 된다.

파우스트는 노년에 자신이 개간한 땅에서 백성들이 농사

를 짓고 수확하는 기쁨을 누리는 행복한 상상 중 "멈추어라, 너 정말 아름답구나!"라고 외친다. 그 외침으로 메피스토와의 내기는 끝이 난다. 메피스토의 승리로 끝이 난 것 같지만 아니다. 갑자기 하늘에서 천사가 나타나 파우스트의 영혼을 천국으로 인도한 것이다. 파우스트가 삶을 무너뜨리려는 악마의 유혹을 끝마칠 수 있었던 비결은 결국 희망이었다.

《파우스트》는 계획에 따라 순순히 풀어지는 이야기가 아니었다. 1부는 생전에 출간할 수 있었으나, 2부는 당대에 이해받기 힘들 것임을 알고 장롱 속에 넣어 둘 수밖에 없었다. 그럼에도 그는 《파우스트》를 장롱 속에 잠들게 두지 않았다. 우리의 삶을 파멸시키려는 악마와의 싸움에서 승리하는 희망의 이야기를 인류에게 남기기 위해서다. 괴테는 그 희망의 메시지를 죽음을 목전에 둔 여든둘의 나이에 수정한 후 다음 해에 삶을 마감한다. 《파우스트》는 희망 속에 피어난 역작이었다.

"비할 데 없는 지혜와 인간 본성에 대한 깊은 이해가 담겼다"며 《파우스트》를 극찬한 니체도 희망을 이야기한다. 니체는 비관 속에 긍정적인 의미를 담은 철학을 이야기한다. 진취적인 인생과 인간의 생명력을 찬미하며 희망의 메시지를 전한다.

"인간은 희망의 힘으로 살아간다. 옛 희망이 현실이 되거나 사라지면 새로운 희망이 계속 솟아오른다. 사람이 살아가는

데 사라지고 다시 생기는 희망이 없다면, 그의 삶은 이미 아무런 의미도 없다."

쇼펜하우어는 염세주의 철학자다. 그는 인생을 불행하고 비참한 것으로 보았다. 그렇다고 삶을 부정한 것은 아니었다. 절망과 고통을 이야기한 것은 내면의 욕망과 번뇌를 없애려는 의도였다. 그래서인지 삶은 낙천적이었으며 웃음도 많았다. 클래식을 즐겨 들었으며 독서와 명상도 중요하게 여겼다. 죽음을 생각한 만큼 삶을 더 희망했던 것이다. 그래서 쇼펜하우어는 이런 말을 남겼다.

"인생에서 가장 중요한 재산은 명예도 이익도 지위도 아닌, 불꽃처럼 타오르는 희망이다."

라틴어에는 희망과 관련된 명구가 많다.

'Dum spiro, spero — 숨 쉬는 한, 나는 희망한다.'
'Dum vita est, spes est — 삶이 있는 한, 희망은 있다.'

희망은 고통과 고난 속에 허덕이는 우리에게 한 줄기 빛이다. 존재의 의미를 준다. 하지만 희망을 말하기 전에 반드시 전제되어야 할 것이 있다. 숨을 쉬며 삶을 살아 내야 한다. 오늘 '삶'을 살고 있다면 희망이 있다는 것이다. 반드시.

먹구름 속에서도 밝은 태양을 보는 사람이 있고, 밝은 태양 속에서도 먹구름 때문에 고뇌하는 사람이 있다. 오선지 도돌이표처럼 살아가는 삶 속에서 희망은 특별한 사람에게 찾아가는 선물이 아니다. 자신의 시선을 어느 곳에 두느냐에 따라 희망을 보기도 하고 불행을 끌어당기기도 한다. 먹구름 뒤에는 반드시 태양이 있다. 그러니 내 삶이 먹구름 같을지라도 밝은 태양에 시선을 두자. 그럴 때 희망의 빛이 내 삶에 가득할 테니까.

2장

소망이란
우리 안에 있는 능력의 예감이다

삶의 소망과 신념

살아가는 기쁨을 느끼려면 결코
시시해지지 않을 무엇이 필요하다

"세상의 모든 일이 시시하게 느껴지면
마음은 시든 꽃처럼 생기를 잃고 만다.
누구든 그런 사람에게는 매력을 느끼지 못한다.
살아가는 기쁨을 끊임없이 느끼려면
결코 시시하지 않을 무언가가 필요하다."

《파우스트》

삶의 고통이 지속되면 두 가지 반응이 나타난다. 첫째는 극복하며 회복하려고 힘쓰는 사람들이며, 둘째는 회피하고 부정하는 부류다. 문제는 부정하고 회피하는 부류다. 이들 중 고통을 잊기 위해 자기 파괴적인 행동을 하는 사람들이 있다. 자해하거나 알코올, 약물에 의존한다. 슬픔, 분노, 불안, 우울한 감정으로 힘겨운 하루하루를 보내는 이도 있다. 마치 시든 꽃처럼 생기를 잃고 살아간다. 이런 삶을 극복하려면 결코 시시해지지 않을 그 무엇을 찾아야 한다.

괴테는 살아가는 기쁨을 맛보기 위해 끊임없이 다방면에 깊은 관심과 열정을 보였다. 시, 소설, 극작, 여행, 사랑, 식물과 광학, 자연 탐구에 관심을 쏟으며 삶을 풍부하게 만들어 갔다. 괴테의 작품 속에는 살아가는 기쁨을 맛보기 위해 어떻게 살아가야 하는지를 알려 준다. 특히 제자 에커만이 쓴 《괴테와의 대화》에는 관련 내용이 많이 서술되어 있다. 괴테의 80여 년 인생 여정 속의 삶의 지혜가 고스란히 담겨 있기에 더 공감이 간다.

"나의 참다운 행복은 마음속에 시를 떠올리고 창작하는 일이었지."

"나는 시 속에서 허세를 부린 적은 한 번도 없네. 내가 체험하지 않은 것이나 뼈저린 고통을 겪지 않은 것을 시로 쓰지도 않았고, 입에 담지도 않았네. 애정 시를 쓴 것은 사랑하고 있을 때뿐이었네."

"자연을 탐구하며 느끼는 기쁨은 그 어느 것에도 뒤지지 않는다. 자연의 비밀은 그 깊이를 파악하기 어렵네."

"인생은 짧으니, 서로에게 기쁨을 주는 방법을 찾아야 한다네."

괴테는 고통 속에 매몰되는 것이 아니라 고통을 극복할 대체재를 찾고 시도했다. 정말 다양한 분야를 섭렵하며 생동감 있는 삶을 살아갔다. 고통이 괴테의 삶에 자리 잡을 시간조차 없을 정도로 말이다.

모든 일이 시시하게 느껴지고 허무해질 때는 니체를 만나면 좋다. 니체는 허무한 삶을 극복하기 위해 '힘에의 의지'를 이야기한다. 고통을 회피하지 않고 정면 돌파하라고 조언한다. 그렇다고 오직 직진만을 외치지 않는다. 때로는 예술로 자극제를 삼으라고 말한다.

"예술은 삶의 위대한 자극제다."

예술은 지리멸렬한 삶에 활력을 선물한다. 모든 일이 시시하게 느껴지는 무료한 일상에 신선한 자극을 느낄 수 있게 한다.

"예술이 선사한 삶의 기쁨의 강도와 다양성은 예술이 사라진 후에도 여전히 사라지지 않는다. 지적인 사람은 예술적인 사람이 더 발전된 것이다."

니체는 예술을 경험하면 내면에 풍성함이 더해진다고 말한다. 한 번 내면에 새겨진 흔적은 영구적으로 남아서 아름다움과 감동을 선물한다는 것이다. 그런 경험이 학문적 탐구와 지식의 세계로 연결되어 통찰력까지 얻게 된다. 예술이 살아 있는 기쁨을 주는 자극제가 된 것이다.

　세상의 모든 일이 시시하게 느껴지는가. 견디기 힘든 고통으로 삶이 무너지고 있는가. 마음이 시든 꽃처럼 생기를 잃고 있는가. 그렇다면 가만히 있지 말자. 혼자 골방에 갇혀 있지도 말자. 짧은 동영상을 습관적으로 클릭하는 것도 멈추자. 그 대신 살아 있음을 느낄 수 있는, 아주 작은 기쁨이라도 느낄 수 있는, 결코 시시해지지 않을 나만의 그 무엇을 찾아보자. 그것이 오늘 삶을 견디고 버틸 수 있는 힘을 선물해 줄 테니까.

옳다고 확신하는 일을
실행할 힘은 누구나 있다

"사람은 자신이 하는 일에 굳은 신념을 가져야 한다.
자신이 옳다고 믿는 일을 실행할 힘은 누구나 갖고 있다.
자신에게 그런 힘이 있는지 의심하지 말고 앞으로 당당히 나아가라."
《괴테와의 대화》

살다 보면 내 힘으로 할 수 있는 것이 많지 않다는 것을 깨닫게 된다. 날씨가 그렇고, 내가 태어난 환경이 그렇다. 시대도 내 마음대로 선택해서 태어날 수 없다. 부모도 나의 원함과 상관없이 만나게 된다. 직업조차 내 마음대로 선택할 수 없는 경우가 허다하다.

하지만 내 마음만은 다르다. 마음은 내 힘으로 얼마든지 바꿀 수 있다. 세상 모든 일은 마음먹기에 달렸다고 하지 않은가. 어떤 마음으로 일과 사람, 세상과 시대를 대하느냐에 따라 그에 걸맞은 인생의 열매가 맺힌다.

특히 자신이 하려는 일에는 신념을 가져야 한다. 신념은 굳게 믿어 의심하지 않는 마음이다. 자신이 옳다고 확신하는 일에 대해 믿음을 갖고 밀고 나아가는 힘이다. 주저하지 않고 앞으로 나아가는 힘이 있어야 바라는 소망을 이룰 수 있다.

18세기 유럽은 계몽주의 영향력 아래 있었다. 청년 괴테도 계몽주의 영향 아래서 자랐다. 계몽주의는 이성을 중시했다. 특히 독일은 규칙을 강조하며 삶을 억압했다. 젊은 문학가들은 계몽주의에 분노하며 새로운 길을 모색했다. 괴테는 실러와 함께 '질풍노도 운동'에 앞장섰다. 이성보다는 감성, 규칙과 형식에 얽매이지 않는 자유로운 창조력을 중시하며 작품 활동을 펼쳤다. 자서전 《시와 진실》에 그 의미를 이렇게 밝혔다.

"우리는 자기나 타인에게서 아직 시도하지 않은 것을 요구했다. 즉, 사려 깊고 감정이 풍부한 사람은 자연에 대한 직접적이고 독창적인 견해와 그것에서 비롯된 행동이 인간이 추구할 최상의 것임을 깨닫기 시작했다. 그래서 '체험'이라는 개념이 다시 우리의 지표가 되었고, 누구나 할 수 있는 일이며 크게 중요하다는 것을 깨달았다."

괴테는 자신이 체험한 것을 글로 적었다. 이성에 얽매이지 않고 감성에 충실하며 살았다. 그렇게 해서 탄생한 작품이 《젊은 베르테르의 슬픔》이다. 괴테는 젊은 시절 샤를로테 부프라는 여인을 사랑한다. 하지만 그녀는 다른 남자와 약혼한 상태였고 이루어질 수 없는 사랑으로 고통을 겪는다. 자신이 겪은 아픈 사랑 이야기를 이성이 아니라 감성적으로 풀어냈다. 내면의 깊은 감정을 섬세하게 표현하며 독자들의 사랑을 듬뿍 받아낸다. 《젊은 베르테르의 슬픔》은 단순한 사랑 이야기가 아니라, 사회 문제에 대한 사색의 결과물이다. 문학에 대한 자신의 신념을 지킨 작품인 것이다. 괴테는 《빌헬름 마이스터의 편력시대》에서 신념의 중요성을 이렇게 전한다.

"모든 것은 원래 신념에 달려 있다. 신념이 있는 곳에서 사상이 출현하며, 신념이 형성된 후에야 사상도 나오는 것이다."

신념은 중요하다. 하지만 세상 모든 일이 신념이 있다고 해결되지 않는다. 내 힘과 의지로 어떻게 할 수 없는 것들이 많으니 때론 있는 그대로 수용하는 자세가 필요하다. 그래야 마음의 상처를 덜 받는다. 라인홀드 니버의 평온함을 비는 기도문은 오늘 우리가 어떤 자세로 살아가야 할지 지혜를 선물한다.

신이여,

바꿀 수 없는 것은 받아들이는 평온함을 주시고,

바꿀 수 있는 것은 바꿀 수 있는 용기를 주시며,

또한 두 가지를 분별할 수 있는 지혜를 주옵소서.

젊은 시절에는 뜻하는 대로 뭐든지 이룰 수 있을 것 같다. 하지만 세월이 흘러갈수록 뜻하는 대로 이루어지지 않는 것이 인생이라는 것을 배운다. 마음대로 안 되는 것이 인생이다. 그러니 내가 할 수 있는 것, 바꿀 수 있는 것에 시선을 집중하자. 할 수 있다고 믿고 도전하면 할 수 있는 능력도 생겨나는 거니까.

인생의 목적이
명확하게 보이게 되면

"인생의 목적이 명확하게 드러나면
 망설임과 불안이 깨끗하게 사라지게 되고,
 그렇게 되면 악마나 지옥도 두렵지 않다.
 두려움에 사로잡혀 머뭇거리지 말고 단호하게
 앞으로 나아가는 것이 현명한 사람의 살아가는 모습이다."

《파우스트》

인생은 문제투성이다. 우리는 수많은 인생 문제들을 풀면서 나아가야 한다. 명확한 답이 있으면 좋겠지만 어떤 것도 정답이라고 말할 수 없다. 사람마다 바라보는 시각이 달라 천차만별의 해답이 있고 조언이 있다. 어제의 정답이 오늘은 오답이 될 수 있고, 오늘의 정답이 내일은 또 다른 답을 요구한다. 끝도 없이 풀어야 할 인생 문제 앞에 두려워 떨며 한 발짝도 못 나아가는 사람들이 있다. 어떤 사람들은 인생 문제를 자기만의 방식대로 풀며 곧장 앞으로 돌진한다. 무엇이 이런 차이를 만들어 내는 것일까. 인생의 목적이 있는 것과 없는 것의 차이다.

인생의 목적이 분명하면 삶의 방향이 명확해진다. 삶의 질서가 잡힌다. 안개 같은 세상이지만 어디로 가야 할지 알고 있기에 불안하지 않다. 도달해야 할 푯대가 있기에 망설임이 없다. 악마의 유혹과 시련이 시시각각 삶을 무너뜨리려 하지만 그것들에 꺾이지 않는다.

괴테 평생의 삶은 인생 목적을 이루기 위한 항해였다. 괴테가 추구한 인생 목적에 대해 자서전 《시와 진실》에서 이렇게 말했다.

"나의 목표는 오직 나 자신을 한층 더 현명하게 향상시키는 일과 인격을 높이는 일이었다. 또한 내가 선과 진실이라고 믿는 것을 표현하는 일이었다."

괴테는 상상만으로 글을 쓰지 않았다. 오직 자신이 경험하고 검증한 것만을 글로 풀어냈다. 애매모호한 것은 실험을 통해 그 의미를 밝혔다. 괴테의 글 쓰는 방식이 곧 삶의 방식이었다. 괴테는 자신이 살고 싶은 삶이 있다면 실험 정신으로 밀어붙이고 그 삶을 증명하듯이 결과를 만들어 냈다. 실험을 경험으로, 경험을 지혜로 승화시켜 문학적으로 풀어냈다. 정답이 없는 시대에 스스로 정답을 만들며 불멸의 작가가 되었다.

니체는 "인생에 정답은 없다"라고 했다. 정답이 없는 삶에서 두려워 떨지 말고 망설이지 말라고 강조한다. 니체는 두려워 떨며 주저하는 사람들을 가장 경멸했다. 얼마든지 도전하면 그만큼의 결과를 만들어 낼 수 있음에도 도전조차 하지 않은 이들을 향해 목소리를 높였다.

"인생의 목적은 끊임없는 전진이다. 먼 곳을 향해 항해하는 배가 풍파 없이 조용히 갈 수는 없다. 풍파는 항상 전진하는 사람의 벗이다."

풍파가 없는 바다에 항구는 큰 의미가 없다. 거친 파도가 없는데 안전한 포구가 무슨 소용이 있겠는가. 인생이라는 바다에 풍파가 일기에 우리는 항구를 향해 전진한다. 그곳에서 쉼을 얻고 충전을 한 후 다시 바다라는 삶의 터전으로 나아가야 하는 숙명 속에서 산다. 우리에게는 저마다 도달해야 할 항구, 인생의 푯대가 필요하다.

스탠퍼드 대학교의 윌리엄 데이먼 교수는 청소년과 청년들을 연구했다. 청소년들의 우울증과 자살, 진로를 정하지 못해 방황하거나 무기력에 시달리는 이유에 대해서. 젊은이들이 결혼, 연애, 출산을 포기하는 이유도 알기 위해 30년 동안 종단 연구를 한다. 더불어, 성공한 사람들의 특징도 연구했다. 데

이민 교수는 '인생의 목적'이 있느냐 없느냐로 인생이 갈린다고 했다. 뚜렷한 인생의 목적이 있는 사람들이 불안감을 떨치고 행복을 향해 나아갔다고 밝혔다. 그러면서 '무엇을 위해 살 것인가?'의 질문에 답을 찾을 수 있어야 한다고 말했다. 인생의 목적을 발견해야 함을 질문으로 표현한 것이다.

인생의 목표를 향해 가고 있는데 삶이 흔들리고 있는가. 괜찮다. 풍파 속을 잘 헤쳐 나가고 있다는 신호이니까. 그러니 두려워하지 말고 푯대를 향해 전진하라.

지금 어디로 가야 할지 몰라 항구에서 머뭇거리고 있는가. 그렇다면 어디로 가야 할지 인생의 목적을 찾아라. 인생의 목적을 바로 세워라. 인생은 당신이 생각하고 있는 생각의 깊이보다 훨씬 크고 높은 그 무엇이 있다. 그 무엇은 찾는 자가 찾을 수 있고, 구하는 자가 얻게 되고, 두드리면 반드시 열린다. 두려움에 발목이 잡혀 머뭇거리면 그 무엇도 발견할 수도 찾을 수도 없다.

근심은 끝없이
새로운 가면을 쓰고 나타난다

"근심은 마음 깊은 곳에 둥지를 틀고,
거기에 남모를 고통을 움트게 하고,
불안스레 흔들리며 기쁨과 안식을 방해한다.
근심은 끝없이 새로운 가면을 쓰고 나타난다."

《파우스트》

괴테의 삶은 '향상심'으로 대변된다. 괴테는 삶을 바꾸기 위해 끊임없이 시도하고 도전했다. 노력하면 뭐든지 할 수 있다고 믿었다. 그렇다고 시도하고 도전한 모든 것에서 괄목할 만한 성과를 얻은 것은 아니었다. 괴테도 실패하고 좌절했다. 때로는 근심에 휩싸이기도 했다.

괴테는 스물여섯 살에 바이마르로 삶의 터전을 옮겼다.

아우구스트 대공의 초청을 받아 가벼운 마음으로 간 것이 평생 삶의 터전이 되었다. 아우구스트의 도움으로 행정가가 되어 비교적 안정적인 삶을 살고 있었지만 마음속 근심은 사라지지 않았다.

서른일곱 살의 괴테는 지쳐 있었다. 바이마르로 터전을 옮긴 지 10년 만에 삶의 위기를 직감한다. 남들이 보기에는 꽤 괜찮은 삶이었지만 자신은 그렇게 생각하지 않았다. 당시 괴테의 가장 큰 근심은 상상력의 부재였다. 야심차게 시작한《파우스트》는 진척이 없었다. 이야기의 실마리를 풀어내지 못한 것이다.

일의 실마리가 풀리지 않는 것처럼 답답한 것은 없다. 원하는 대로 삶이 풀리지 않으면 답답하다. 근심이 마음을 사로잡아 고통스러운 나날을 보내게 된다. 해결책을 마련하지 않으면 미궁 속으로 빠져들고 만다. 내 삶이 근심에 사로잡혀 미궁 속에 허덕거리고 있다면 괴테의 해결책을 마주하는 것도 좋은 방법이다.

괴테는 삶의 실마리를 풀기 위해 여행을 선택한다. 이탈리아로 훌쩍 떠난 것이다. 도망이 아니라 충전을 위한 선택이었다. 이탈리아는 생소한 곳이 아니었다. 어린 시절 거실에 걸려 있는 이탈리아 전도는 동경의 대상이었다. 괴테의 아버지는 이탈리아 여행 경험을 어린 괴테에게 들려주었으며, 20대에는 이탈리아 여행을 권할 정도였다. 이탈리아는 괴테의 상상력을 북돋울 최적의 여행지였다. 괴테는 《이탈리아 기행》의 서두에 이런 메시지를 남겼다.

"나는 자신의 세계를 창조하기 위해 많은 것을 섭렵했지만, 아주 새롭고 예기치 못한 것은 얻지 못했다. 또한 오랜 시간 동안 이야기해 왔고, 어떻게든 현실로 만들고자 했지만, 내 마음속을 돌아다니면서 자연 속에서는 볼 수 없는 모습에 대한 꿈을 허다하게 꿈꾸었다."

괴테는 로마에 도착한 날을 "인생의 두 번째 시기를 맞은 날"로 감격스러워했다. 그만큼 이탈리아 기행이 의미가 있었다는 것이다. 1년 9개월의 이탈리아 기행이 정체된 삶에 비상할 수 있는 원동력이 되어 주었다. 마음속 근심도 해결할 수 있었다. 괴테는 이탈리아 기행 이후 잠자고 있던 《파우스트》 원고에 생명을 불어넣었다. 인류의 선물 《파우스트》는 이탈리아 기행을 통해 새롭게 태어난 것이다.

쇼펜하우어는 괴테와는 다른 방법으로 근심을 해결했다. 쇼펜하우어는 의지가 근본적인 힘이며 본질이라고 보았다. 인간의 의지가 끊임없는 욕망으로 나타나며, 이는 고통과 불행의 주된 원인이라고 한다.

"하나의 소망이 성취되더라도 열 개의 소망은 이뤄지지 않고 남는다. 더군다나 욕망은 오래 지속되고, 요구는 끝없이 계속된다."

쇼펜하우어는 욕망은 결코 완전히 만족될 수 없어 인간을 불안과 근심으로 이끈다고 말한다. 그러니 오늘 근심을 없애려면 욕망의 크기를 줄이는 것이 필요하다. 욕망의 크기를 스스로가 줄이지 않으면 마음속에 둥지를 틀고 있는 근심은 끝없이 새로운 가면을 쓰고 나타나 안락을 방해한다.

니체는 인간이 나약해서 두려움과 근심이 생긴다고 보았다. 그래서 '초인'이 되어야 한다고 강조한다. '힘에의 의지'를 피력하며 자신을 극복하며 나아가라고 목소리를 높인다. 무언가를 의지하지 말고 자신을 믿고 의지하라는 것이다. 스스로 생각을 바꾸며 두려움과 근심에서 벗어나야 한다고《농담, 음모 그리고 복수》를 통해 강조한다.

"두려워하면 패배한다. 파멸하고 만다. … 마음속에 두려움을 가지고 겁먹고 있을 때, 스스로 파멸과 패배의 길을 선택하게 된다."

니체는 삶에서 패배하는 것은 상대가 너무 강해서가 아니란다. 상황이 너무 나빠서도 아니란다. 삶을 반전시킬 만한 조건이 갖춰지지 않는 것도 문제가 아니라고 보았다. 삶을 무너뜨리는 이유는 마음속의 두려움과 근심 때문이라고 말한다.

근심이 마음속에 둥지를 틀고 있으면 고통에서 해방될 수 없다. 인간다운 삶을 살아가기도 어렵다. 그러니 괴테의 방법이든, 쇼펜하우어의 방법이든, 니체의 방법이든 오늘 근심을 물리칠 방법을 찾아라. 해결되지 않은 근심은 언제나 새로운 가면을 쓰고 나타나 나를 괴롭힐 테니.

2장
소망이란 우리 안에 있는
능력의 예감이다

기적을 바라는 자,
자신의 믿음을 굳건히 하라

"폐하, 너무 성급한 욕망을 진정하시고, 다양한 즐거운 유희를
우선 끝내옵소서. 흐트러지고 어수선한 마음으로는 목적을 달성하기
어렵나이다. 우선 평온한 가운데 반성하면서 천상의 것을 통해
지하의 것을 얻어야 합니다. 선을 원하는 자, 자신이 선해야 하며,
기쁨을 원하는 자, 자신의 혈기를 달래야 하며,
술을 갈망하는 자, 익은 포도알을 짜야 할 것이며, 기적을 바라는 자,
자신의 믿음을 굳건히 해야 합니다."

《파우스트》

오늘 내 삶의 대결 상대는 공부 잘하고, 스펙이 좋고, 지능지수
가 뛰어나고, 일 잘하는 사람이 아니다. 배우자 잘 두고 자식
잘 키운 사람도 아니다. 내 삶의 대결 상대는 항상 나이다. 나
와의 싸움이 삶의 목적을 이루느냐 이루지 못하느냐로 갈린다.
괴테의 말처럼 산란한 마음으로는 목적을 달성하기 어렵다. 내
삶의 기적은 자신의 욕망을 진정시키고, 자신을 굳게 믿는 사

람들만 얻을 수 있다.

자신을 믿어야 한다는 것은 누구나 안다. 그런데 이게 쉽지 않다. 내 마음대로 잘 안 된다. 신기하게도 나와의 관계는 나도 어찌할 수 없을 때가 많다. 나도 모르게 자신을 인정해 주지 않고 못마땅하게 여긴다. 자신을 가로막는 것은 항상 나 자신이다. 안타깝게도 이런 깨달음을 당시에는 알지 못한다는 것이다. 상처가 아물 때쯤에서야 비로소 보인다. 죽음을 앞둘 때까지 깨닫지 못하고 눈을 감은 사람들도 있다.

1749년 괴테가 태어날 당시에 아버지는 황실 고문관으로 일했다. 돈으로 관직을 산 명예직이었다. 아버지는 법학을 전공했지만 특별한 관직을 얻지 못해 집안 재산을 관리하며 지냈다. 귀족에 대한 로망과 명예에 관심이 많아 어린 시절부터 괴테에게 수준 높은 교육을 시켰다. 최고의 가정교사들로부터 다양한 언어(영어, 이탈리아어, 라틴어, 히브리어, 프랑스어)를 가르쳤다. 고전문학으로 교양을 쌓도록 했다. 그림과 음악도 접할 수 있도록 도왔다.

하지만 자신이 못다 이룬 꿈을 아들을 통해 이루려는 아버지의 과도한 관심 때문에 마음고생이 심했다. 아버지는 엄격했고 그런 아버지를 괴테는 부담스러워했다. 《시와 진실》에는 아버지의 교육관에 대해 이렇게 이야기한다.

"아버지의 교육열은 과격해서 아이를 위한 체계적 교육에 문제가 있었다."

어린 시절의 괴테는 뭐든지 할 수 있다는 자신감에 차 있었다. 하지만 청소년기의 괴테는 달랐다. 대학 진학도 사랑도 자신의 뜻대로 되지 않았다. 고통이 엄습해 올 때마다 괴테는 다른 학문에 관심을 가졌고, 다른 여자와 사랑을 나누려고 했다. 더 나은 삶을 살 수 있는 비결이 다른 것에, 다른 곳에 있다고 생각한 것이다.

하지만 삶의 고통은 여전히 현재 진행형이었다. 이때 괴테는 고통의 본질이 무엇인지 깨닫는다. 자기 삶의 문제는 아버지나 환경에 있는 것이 아니라, 자신에게 있다는 것을. 삶의 발목을 잡고 있었던 것은 언제나 자신이었다는 것을 발견한다. 자신이 지혜롭게 현실을 바라보지 못했고, 준비하지 못한 것을 알았다. 그래서 괴테는 선함, 기쁨, 성취, 기적 등을 원한다면, 그에 상응하는 노력과 자기 개선이 필요하다는 것을 강조한다. 성급한 욕망에 휘둘리지 말라고 한다. 성급한 욕망에 휘둘리면 순간을 잊기 위한 유희에 빠지게 된다고 강조한다.

니체도《권력에의 의지》에서 자신을 믿어 주라고 조언한다.

"자신을 대단치 않은 인간이라 폄하해서는 안 된다. 그런 생각은 자신의 행동과 사고에 제한을 두려고 하기 때문이다."

자기 자신을 폄하하고 믿어 주지 않으면 더 나은 미래로 나아갈 수 없다. 전진과 성장은 내면의 동기부여로부터 시작되니까. 내가 바라고 소망하는 방향으로 나아가려면 그에 걸맞은 씨앗을 내면에 심어야 한다. 심지 않으면 어떤 것도 거둘 수 없다. 가장 먼저 심고 가꾸어야 할 것은 자신에 대한 믿음과 신뢰이다. 산전수전 다 겪은 어른일지라도 마음을 돌보는 것을 소홀히 여기지 말아야 한다. 인간다운 삶을 사는 것은 참으로 힘든 일이기에 늘 자신을 돌보고 가꾸어야 한다.

내 삶의 기적은 마법처럼 한순간에 다가오지 않는다. 알라딘의 요술램프가 아닌 것이다. 목표를 향해 굳은 신념으로 나아갈 때 성공과 성취는 저절로 따라온다는 것을 기억하자. 요행으로 얻을 수 있는 것은 많지 않다.

운명과 맞서면 그사이
운명도 친절해진다

"운명에 거슬러서도 안 되고, 도망쳐서도 안 된다.
운명과 맞서면, 그사이 운명도 친절해진다."

시 〈경구풍으로〉

내 삶의 처지가 딱하게 느껴질 때가 있다. 한눈팔지 않고 열심히 살았는데도 괄목할 만한 성과는 없고, 여전히 그저 그런 삶의 쳇바퀴 속에 허덕이고 있는 나를 직면하면 실망스럽다. 인생은 왜 이 모양인지 의구심마저 나를 휘감는다. 그렇다고 자리를 박차고 멀리 떠날 수도 없다. 어른이 되면 내 마음대로 살 수 있을 것 같은데 아니다. 더 내가 원하는 대로 내 인생을 사용할 수 없다는 것을 안다. 도망치고 싶어도 도망갈 수가 없는 것이다. 이럴 때 우리에게는 나를 일으켜 세울 하나의 아포리즘이 필요하다.

괴테가 쓴 작품은 쉽게 완성되지 않았다. 수없는 시행착오와 시간과의 싸움이었다. 《젊은 베르테르의 슬픔》은 비교적 빠른 시간에 완성했다. 하지만 교양소설인 '빌헬름 마이스터'의 시리즈는 쉽게 완성되지 않았다. 시작부터 편력시대까지는 50여 년이 걸렸다. 교양소설을 시작할 때는 연극소설 형식이었는데 완성하지 못했다. 그 후 프리드리히 실러가 작품의 구성과 주제에 관해 조언을 해 주었다. 괴테는 실러의 비판을 존중하고 그 조언을 반영해 주인공의 자아실현 과정을 보여 주는 교양소설로 탈바꿈했다. 교육을 통해 장인이 되어 가는 과정을 수십 년간 고뇌하며 작품을 완성시킨 것이다.

50년은 짧지 않다. 긴 시간이다. 구성이 바뀔 정도였으니 글이 술술 풀리지 않았을 것이다. 그래도 괴테는 고통스러운 현실에 도망치지 않았다. 운명과 맞섰다. 괴테는 그 의미를 《빌헬름 마이스터의 수업시대》에서 이렇게 말하고 있다.

"자네가 이겨 내지 못하는 그 초라함의 근원은 자네의 직업 때문이 아니라, 바로 자네 자신 때문이네! … 이 세상에 까다롭지 않고 쉬운 일이 어디 있겠는가! 오직 내적인 충동과 의

욕, 사랑만이 우리가 장애를 극복하도록 도와주고, 우리를 위해 길을 열어 주며, 다른 사람들이 근심과 불안에 떠는 그 좁은 영역에서 우리를 드높이 올려 주는 것이네."

괴테는 운명과 맞서 싸움으로써 오늘 상황을 개선할 수 있다고 봤다. 니체는 괴테의 말에 한층 강한 어조로 운명에 맞서라고 조언한다. '초인'이 되려면 삶의 도전에 맞서고 자신의 운명을 적극적으로 창조해 나가라고 강조한다. 삶의 고통에 의연히 맞서야 성장할 수 있고 더 강해질 수 있다고 했다. 니체는 《니체 대 바그너》에서 이렇게 말한다.

"자기가 겪은 고통 때문에 깊이 괴로워해 본 인간은 보통 가장 똑똑하고 현명한 사람들보다 더 깊이 있고 많은 것을 알 수 있다."

내 처지가 딱하게 느껴지고 도망치고 싶은 우리에게 니체는 친절하게 조언한다.

"내 삶에서 가장 어려웠던 시기에 오히려 더 깊이 감사해야 하지 않을까라고 종종 자문하곤 했다."

나만 삶의 터전에서 도망치고 싶은 것은 아니다. 누구나 이런 삶을 산다. 이 세상의 거의 모든 사람들이 이런 삶의 고뇌에 휩싸인다. 그러니 좌절하거나 피하지 말자. 좌절하고 피하는 길에 승리는 절대 없다. 오히려 그런 운명에 맞서라. 삶의 고통에 피하지 말고 도전하라. 고통도 기쁨도 영원한 것은 없다. 고통에 맞서며 극복하는 자에게는 운명이 친절을 베풀어 줄 때가 온다. 반드시 나의 시간은 오기 마련이다. 내 삶에 밀물이 들어와 드넓은 세상으로 나아갈 때가.

새로운 분야에는
다시 어린아이가 되어

"새로운 분야에 발을 들이면
 우리는 다시 어린아이가 된 듯한 마음으로 출발해야 하고,
 문제에 대해 열정적으로 관심을 가지며,
 핵심에 도달하는 행운을 얻을 때까지는 겉모습을 보고 만족해야 합니다."
《빌헬름 마이스터의 편력시대》

4차 산업혁명시대는 변화무쌍하다. 하루에도 새로운 분야의 기술들이 수없이 쏟아지고 있다. 포노 사피엔스(지혜가 있는 폰을 쓰는 인간)의 삶으로 이미 전환되었으며 가상세계에서 사회, 경제, 문화적 활동을 하며 산다. 젊은이들은 새로운 분야에 쉽게 스며든다. 하지만 디지털 세계에 익숙하지 않는 어른들은 적응이 쉽지 않다. 이럴 때 우리는 어린 아이와 같은 마음으로

새로운 분야를 맞이할 필요가 있다.

괴테는 다방면에 전문성을 갖췄다. 《파우스트》에는 법학, 철학, 의학, 인문과학, 사회과학, 자연과학을 녹여 낸다. 연극과 정치, 언어와 예술 분야에도 능통했다. 문학은 말할 필요도 없다. 괴테가 이토록 다양한 분야를 섭렵할 수 있었던 것은 어린아이와 같은 마음으로 다가섰기 때문이다.

괴테는 요한 고트프리트 헤르더와 '질풍노도 운동'을 펼쳤다. 헤르더는 괴테의 정신적 멘토였으며 작품과 사상에 큰 영향을 미쳤다. 괴테는 헤르더의 《민요》라는 책을 보고 감명을 받았다. 헤르더는 유럽 문헌을 참고해 책을 만들었는데 괴테는 다른 방식으로 민요를 대한다. 괴테는 책 대신 직접 민요를 채집하러 알자스 시골로 떠난다. 우리나라 MBC라디오에서도 '우리의 소리를 찾아서'라는 프로에서 토속 민요를 채집해 방송했다. PD들이 전국방방곡곡을 다니며 사라져가는 토속민요를 녹음해서 청취자들에게 들려주었다. 살아 있는, 현장감 있는 소리를 직접 듣기 위한 선택이었다. 괴테도 같은 방식으로 민요를 채집했는데 당시는 생소한 방법이었다. 어린아이처럼 새로운 분야에 반응한 것이다. 자신의 마음이 끌리는 것에 계산하지 않고 일단 덤벼들고 본 것이다.

괴테는 아홉 살부터 여든세 살까지 그림을 그렸다. 평생

2,700여 점의 그림을 그렸다고 한다. 그림을 그릴 때도 어린아이처럼 그렸다.

"밥 먹는 것도 잊고, 그림병을 앓는다."

괴테가 로마에서 화가들과 합숙하며 그림을 그릴 때 들었던 말이다. 어린아이들은 어떤 것에 빠지면 밥 먹는 것도 잊은 채 몰입하지 않는가. 괴테의 전문성은 한 번 마음을 끈 것에 어린아이처럼 반응한 것에서 비롯되었다.

니체도 괴테처럼 어린 아이가 되라고 강조한다. 니체는 《차라투스트라는 이렇게 말했다》에서 정신의 변화를 이렇게 전한다.

"나는 그대들에게 정신의 세 가지 변화에 대해 말하고자 한다. 어떻게 하여 정신이 낙타가 되고, 낙타는 사자가 되며, 사자는 마침내 아이가 되는가를."

니체는 초인이 되기 위해서는 자기를 극복하며 나아가야 함을 강조한다. 그러면서 성장의 단계를 차라투스트라의 입을 빌려 이야기한다.

낙타는 사회적, 종교적, 도덕적 규범과 가치관, 그리고 타인의 기대와 부담과 같은 외부의 짐을 어깨 위에 지고 살아가는 상태를 의미한다. 자기의 의지를 희생하며 주어진 길을 걸어가는 삶이다. "나는 해야 한다"라며 자기보다 힘 있는 사람들의 말에 순응하며 복종의 삶을 살아간다.

사자는 타인의 평가나 규범에 대항하며 자기 자신을 찾아내는 삶을 뜻한다. 자신의 가치와 의지를 펼치며 자신의 길을 개척한다. 힘 있는 자들의 강요를 순순히 따르지 않는다. 때로 사자처럼 으르렁거리며 자신의 의지를 드러낸다. "나는 하길 원한다"며 자유의지의 주인이 된다. 그렇지만 으르렁거릴 뿐 새로운 가치는 창조하지 못한다.

니체는 아이의 특성을 '새로운 출발', '순진무구', '망각', '놀이', '스스로 도는 수레바퀴', '최초의 움직임', '성스러운 긍정' 일곱 가지로 표현한다. 아이는 틀에 얽매이지 않고 자유롭다. 한번 빠지면 놀이처럼 몰입한다. 수레바퀴처럼 반복한다. 그러다 보면 나로 모르게 성장하게 된다.

괴테가 꽃에 반해 평생 식물 연구를 하고, 마음을 의지했던 바위에 대한 추억은 평생 지질 연구로 이어졌다. 궁정생활을 도왔던 폰 슈타인 부인과 1,800통이 넘는 편지를 보내며 마음을 주고받는 것은 집착이 아니라 아이와 같은 마음이었다.

나이가 들면 아이와 같은 마음이 점점 사라진다. 새로움에 호기심으로 반응하기보다는 계산기를 두드리며 득과 실을 따진다. 그러는 동안 새로운 것들은 저 멀리 달아나 만질 수도 적응할 수도 없게 된다. 소중한 기회를 스스로 떠나보내고 위기를 끌어오는 것이다. 삶의 고통은 아이와 같은 마음을 상실할 때 더 가중된다.

　내 앞에 새로운 것이 나타나면 아이의 마음으로 덧입히자. 지난 실패는 깨끗하게 잊고 새롭게 도전해 보자. 도전한 만큼 배울 수 있고 성장할 수 있으니까. 삶이 비록 고통스러울 지라도 긍정의 신념으로 무장하자. 그럴 때 내 앞에 새로운 길이 열릴 테니.

용기를 북돋워 주려다 보니,
저도 모르게 진짜 용기가 생기더군요

"정말 겁이 많은 편이지만,

겉으로 대담한 척하며 다른 사람들에게 용기를 북돋워 주려다 보니,

저도 모르게 진짜 용기가 생기더군요."

《젊은 베르테르의 슬픔》

삶의 무게가 나를 짓누르면 숟가락을 들 힘조차 나지 않는다. 땅이 꺼지는 것처럼 내 삶도 가라앉는다. 내 슬픔의 깊이는 심해에 맞닿아 있는 것 같은데 세상은 내게 아무런 관심이 없다. 나를 아는 주변 사람들이 안타까워 해 주지만 그들도 자기 삶을 살기 바쁘다. 세상은 나의 아픔과 상관없이 여전히 아무렇지 않는 듯 흘러간다. 기차는 여전히 달리고, 길가에 아이들은

깔깔대며 웃는다. 계절도 어김없이 찾아와 찬란한 꽃을 피우고 탐스런 열매를 맺는다.

삶이 힘들면 땅이 꺼져라 한숨을 내쉴 것이 아니라 괴테의 말처럼 겉으로라도 대담한 척 해 보는 것이 좋다. 또한 다른 사람들에게 용기를 북돋워 주려고 시도해 보는 것도 좋다. 그러다보면 나에게도 용기가 생길 테니 말이다. 괴테는 이런 삶의 이치를 에커만에게 이렇게 말해 준다.

"인간의 본성에는 놀라운 힘이 숨겨져 있어서, 거의 희망을 잃었을 때조차 그 힘은 우리를 위해 무엇인가 좋은 일을 준비해 준다네."

괴테는 인간의 내면에는 더 좋은 삶을 살고 싶다는 잠재력이 숨어 있다고 봤다. 어려운 상황에서도 희망을 잃지 않고 이를 발휘하여 좋은 결과를 이끌어 내는 능력이 있다는 것이다. 아무리 어려워도 내재되어 있는 잠재력과 의지를 믿고 조그마한 힘을 내면 좋은 일을 마련해 준다는 것이다. 그러니 겁이 나고 두려워도 한번 용기를 내 보는 것이 중요하다. 그 용기가 자신에게도 영향을 끼치니 말이다.

니체도 같은 메시지를 《아침놀》을 통해 전한다.

"누군가에게 기쁨을 주는 행위는 자신까지도 기쁨으로 채운다. 아무리 작은 일이라도 다른 사람을 기쁘게 할 수 있다면 우리의 손과 가슴에 기쁨이 가득할 것이다."

니체는 아무리 작은 일이라도 다른 사람들 위해 힘쓴다면 그것이 자신에게 영향을 줄 것이라고 이야기해 준다.

쇼펜하우어는 다른 각도에서 삶의 고난을 헤쳐 가라고 조언한다. 고난이 지속되는 것은 그것을 극복하려는 노력을 하지 않았기 때문이라고 말한다. 보다 나은 삶을 살고 싶다는 신념을 잃지 말라고 이야기 한다.

"신념을 양식으로 삼아라. 그러면 육신의 굶주림에 고통받지 않을 것이다. 신념을 잃은 사람만큼 불행한 사람은 없다. 실패하고 낙오하는 이들은 대부분 참을성이 부족하거나 신념 없이 흔들렸던 사람들이다."

지치고 힘겨운 일상이 지속되더라도 마음을 지키자. 더 나은 삶을 소망하자. 우리가 삶에서 선택해야 할 일은 이미 정해져 있으니. 아주 자그마한 희망이라도 찾아내는 것. 그것을 다른 사람들과 함께 공유하는 것. 고통에 신음하고 있는 자신을 연민의 눈으로 바라보며 슬퍼하는 것이 아니라 아주 작은 용기라도 내 보는 것. 그 용기를 주변 사람들과 나누는 것. 이런 삶을 선택하자. 운명이 나의 모든 것을 앗아 가도 '선택할 권리'만큼은 빼앗지 못하니. 선택은 오롯이 나의 권리이니까.

매일 용기를 선택하면 내 안의 슬픔도 힘이 된다는 것을

알 수 있다. 어제보다 더 단단해지고 고난에 면역력이 생긴다
는 것도 알게 된다. 웬만한 고난에는 끄떡도 하지 않게 된다는
것도 이해할 수 있다.

날과 시간에 대해
어떤 태도를 취하고 있는가

"우리는 우리의 법칙에 따라 날과 시간을 표시한다.
너도 스스로에게 물어봐라.
너는 날과 시간에 대해 어떤 태도를 취하고 있는가?"
《빌헬름 마이스터의 편력시대》

세상은 불공평하다. 특히 삶이 뜻대로 풀리지 않는 사람들은 더욱 불공평하다고 말한다. 첫 출발부터 차이가 있어서 억울함을 토로하기도 한다. 금수저, 흙수저는 자신의 처지를 푸념하고 한탄하는 사람들의 원망서린 사회규정이다. 애초부터 내 인생은 잘될 수 없다는 자기 합리화이다. 이렇게 푸념하고 원망해서 삶이 바뀐다면 얼마나 좋겠는가.

그러나 기억해야 할 중요한 하나가 있다. 그 어떤 것과도 바꿀 수 없는 것이 모두에게 공평하게 주어졌다는 것을. 그것은 바로 시간이다. 세상의 모든 인간에게는 공평하게 하루 24시간, 1,440분, 8만 6,400초가 주어졌다. 그 시간을 얼마나 값지게 사용하였는지에 따라 삶의 결과가 달라진다. 날과 시간에 대한 태도가 인생을 바꿀 수 있는 열쇠인 것이다.

괴테는 많은 작품을 썼다. 공직생활을 하면서도 작품 활동을 멈추지 않았다. 물론 아우구스트 대공의 전폭적인 지지가 있어서 가능한 일이기도 하다. 내 삶에 괴테와 같은 조건이 주어진다면 괄목할 만한 삶의 성과를 만들어 낼 수 있을까. 장담할 수 없다. 날과 시간에 대한 태도에 따라 그에 걸맞은 결과가 나올 테니까.

괴테는 지독한 루틴을 고수했다. 아침 5시 반부터 오후 1시까지 글을 쓰는 것이었다. 매일 글을 쓰는 일은 고통이다. 《파우스트》 같은 인간의 본질을 다루는 글은 더욱 힘들다. 피하고 싶고 도망치고 싶다. 그럼에도 괴테는 시간을 지키며 글 감옥으로 들어갔다. 때로는 앉지 않고 서서 글을 썼다. 지독하리만큼 창작의 시간으로 들어갔고 수많은 이야기의 주인공과 마주했다. 그렇게 글을 쓴 후 다른 활동을 이어 갔다. 날과 시간에 대한 태도가 오늘날까지 추앙받는 작가가 될 수 있었던 것이다. 괴테는 에커만과의 대화에서도 시간의 중요성을 빠뜨리지 않는다.

"30분 정도는 티끌과 같은 시간이라며 그냥 버리지 말고, 그동안이라도 티끌과 같은 일을 처리하는 것이 현명하다. 시간이 언제나 기다리고 있다고 생각하지 마라. 게을리 걸어도 결국 목적지에 도달할 날이 있을 것이라는 생각은 잘못이다. 하루하루 전력을 다하라. 그러지 않고는 그날의 보람은 없을 것이며, 그런 날이 쌓여 끝내 최후의 목표에 도달하지 못할 것이다."

인생을 바라보는 철학은 다르지만 모든 철학자들은 시간의 중요성을 강조한다. 쇼펜하우어도 그렇다.

"평범한 인간은 그저 시간 '보내기'밖에 생각하지 않지만, 조금이라도 능력이 있는 사람은 '활용'을 염두에 둔다."

쇼펜하우어는 현재만이 행복을 가져다 준다고 보았다. 과거와 미래는 우리의 생각 속에만 존재하는 것이고 현재만 실재한다고 말한다. 그런데도 사람들은 현재는 거들떠보지 않는다고 일갈하며 현재의 중요성을 강조한다. 또한 "하루가 작은 일생이다"며 하루를 충실하게 보내야 함도 이야기한다. 오늘이 모여 일생이 된다는 것을 이야기하는 것이다.

고통은 내가 가진 것보다 가지지 못한 것에 집착할 때 시작된다. 지혜로운 사람은 내게 없는 것 때문에 고통스러워하지 않는다. 내게 주어진 것을 어떻게 활용할 것인가를 생각한다. 그러니 오늘 공평하게 주어진 날과 시간을 잘 활용하자. 날과 시간에 대한 태도가 삶의 성패를 좌우하니까.

소망이란 우리 안에 있는
능력의 예감이다

"우리의 소망이란 우리 안에 있는 능력의 예감이다."

《시와 진실》

소망을 품기 어려운 시대라고 한다. 소망이 있어도 이룰 수 없는 현실임을 자각하기에 하는 하소연이다. 도저히 넘을 수 없는 절벽 같은 삶을 마주하면 고통스럽다. 안타깝게도 우리 앞에는 수많은 인생 절벽이 버티고 있다. 그럼에도 우리는 오늘한 그루의 사과나무를 심어야 한다. 내일 지구가 멸망하더라도 말이다. 사과나무를 심겠다는 마음만으로도 이미 사과는 열린다. 우리 마음에서부터.

삶을 소망하자. 소망한 것이 이루어지는 것을 기대하면서. 설령 소망이 이루어지지 않아도 괜찮다. 소망을 바라보고 기다리는 과정에 기쁨이 있으니까. 기다리는 동안의 기쁨이 더 크다. 자장면을 먹는 것보다 먹으러 갈 때가 기쁘고, 여행을 갔을 때보다 가려고 준비할 때가 더 기쁘지 않던가.

제2차 세계대전 때 600만 명의 유대인이 죽었다. 수용소에서도 수많은 사람들이 죽음을 맞이했다. 그럼에도 기적적으로 살아남은 사람이 있었다. 그는 삶의 소망을 놓지 않았다. 매일 새벽 맹물 같은 커피 한 잔이 배급되었는데 그는 반잔만 마셨다. 남은 반잔으로 세수를 하고 이를 닦았다. 깨진 유리조각을 주워 면도도 했다. 생동감 있는 그의 얼굴을 본 나치는 차마 죽일 수 없었다.

괴테는《파우스트》를 죽음의 직전까지 붙들고 씨름했다. 평생을 쓴 원고가 독자들에게 사랑받지 못할 것이라는 고뇌에 휩싸이기도 했다. 자기 작품에 대해 확신을 갖지 못한 것이다. 괴테가 죽기 닷새 전 평소 서신을 주고받은 빌헬름 폰 훔볼트에게 보낸 편지를 보면 이해가 간다.

"세상이 너무나도 사리에 맞지 않고 혼란스러워 나는 이 기묘한 물건에 바친 나의 정직하고 오랜 수고가 제대로 인정받지 못한 채 쓰레기처럼 해변에 휩쓸려가 세월의 모래더미에 뒤섞이게 될 것 같은 생각이 든다."

누구나 결과를 보기 전에는 괴테처럼 고뇌한다. 내가 지금 걷는 길이 과연 나의 길인가? 내가 추구하는 삶의 방향은 올바른가? 내 능력의 유통기한은 언제까지인가? 이런 인생 질문에 누가 쉽게 단언하며 답을 줄 수 있겠는가. 없다. 우리가 할 수 있는 것은 오늘 소망을 품고 한 걸음씩 나아가는 것뿐이다. 괴테도 《파우스트》를 통해 우리에게 메시지를 던진다.

"오, 누구든 이 미혹의 바다에서 아직은 벗어날 수 있다고 희망하는 자, 행복하도다!"

니체도 《차라투스트라는 이렇게 말했다》를 통해 소망의 중요성을 강조한다.

"여기에 희망이 있다고 해도 자신 안의 빛과 작열함을 경험하지 못했다면 그것이 희망이라는 것을 깨닫지 못한다."

니체는 마음속에 먼저 빛을 품으라고 조언한다. 마음에 빛이 있을 때 나에게 다가오는 희망의 빛도 알아볼 수 있기 때문이란다. 또한 자신을 하찮게 여기기 않기 위해서라도 꿈을 버리지 말라고 조언한다. 이상과 꿈을 이루려는 마음이 자신을 이기려 들고 더 나은 삶으로 비상할 수 있도록 돕기 때문이다.

수많은 인생 절벽 앞에서 체념하지 말자. 체념 대신 소망

을 품자. 소망은 우리들 속에 있는 능력의 예감이니. 내 안에
소망이 차고 넘칠 때 절벽 같은 인생에 물이 차고 넘쳐 멋진
폭포가 될 테니.

3장

드러난 징후들로부터
그것을 알아내라

지혜와 배움

드러난 징후들로부터
그것을 알아내라

"진실은 신과도 같아서 직접 우리 눈앞에 나타나지 않는다.
우리는 드러난 징후들을 통해 그것을 알아내야만 한다."

《빌헬름 마이스터의 편력시대》

세상의 지식을 편리하게 접하는 시대가 되었다. 옛날에는 몇몇 지식인들만 알고 있을 만한 전문지식조차 검색 몇 번이면 내 손에 들어온다. 챗GPT는 질문하는 모든 것에 답을 준다. 세상의 지식을 몇 초 만에 매끄러운 글로 자연어로 생성시켜 준다. 소설을 써 주고, 그림을 그려 주고, 영상 제작도 명령어와 질문 몇 개면 뚝딱 만들어 준다. 인공지능의 발달 속도를 보면 인간이 설 자리가 과연 있을지 의문이 들 정도다. 불확실하고, 모호하며, 복잡하고, 끊임없이 변화하는 시대에 우리는 드러난 징후들로부터 그것을 알아내지 않으면 안 된다. 그것을 알아내지 못하면 도태되기 때문이다.

산업현장에서는 징후들로부터 그것(재해)의 원인을 밝힌다. 허버트 윌리엄 하인리히는 보험사에서 산업재해 업무를 담당하며 사망사고가 발생하는 원인을 연구했다. 그는 산업재해로 1명의 사망자가 나오면 그 전에 같은 원인으로 29명의 경상자가 나왔고, 같은 원인으로 부상을 당할 뻔한 잠재적 부상자 300명이 있었다는 사실을 밝혀 낸다. 그 비율을 1:29:300로 설명한다. 일명 하인리히 법칙이다. 300번의 징후들을 무시하고, 29번의 경고에도 기민하게 대처하지 못한 결과가 사망사고를 불러일으킨 것이다.

급변하는 시대에 드러난 징후로부터 우리가 알아 내야 할 것은 무엇일까? 괴테는《파우스트》에서 이렇게 전한다.

"찬란하게 빛나는 것은 순간을 위해 만들어진 것이지만, 참된 것은 후세에도 사라지지 않고 남는 법이랍니다."

괴테는 후세까지 사라지지 않고 남는 것을 작품으로 남겼다. 희망하고, 노력하며, 사랑하고, 미워하며, 괴로워하고, 생각하고, 체험하며, 의미를 찾아내는 삶에 대해 이야기했다. 존재의 의미와 삶의 본질을 다양한 학문과 작품으로 우리에게 이야기한다. 우리는 괴테의 작품을 만나며 본질의 의미를 깨우친다. 그렇다. 우리가 징후들로부터 알아내야 할 것은 세월이 흘러도 변하지 않는 '본질'이다.

인공지능시대를 이끌어 가는 CEO는 어떤 시각으로 세상을 볼까. 아마존의 최고경영자이자, 민간 우주기업 블루 오리진의 창업자인 제프 베이조스는 언론 인터뷰에서 이렇게 말했다.

"10년 후 어떤 변화가 있겠느냐는 질문을 많이 받는다. 구태의연한 질문이다. 10년이 지나도 바뀌지 않을 게 무엇이냐는 질문은 왜 하지 않나. 이것이 더 중요한 문제인데 말이다. … 변하지 않는 전제에 집중해야 헛고생을 하지 않는다. 시간이 흘러도 변하지 않는 것이 무엇인지 안다면 그런 곳에 돈과 시간을 할애해야 한다."

니체도 《방랑자와 그 그림자》를 통해 본질을 파악하라고 강조한다.

"광천의 가치를 모르는 사람은 물의 양으로만 그 풍요를 판단한다. 그러나 광천의 효과를 잘 아는 사람은 물의 양이 아닌 함유 성분으로 광천의 좋고 나쁨과 질을 평가한다. 후자는 다른 일에 있어서도 겉으로 보이는 양의 크기나 압도적인 힘에 현혹되지 않는다. 인간에게 의미와 가치가 있는 근본은 무엇인가? 본질을 꿰뚫어 보는 눈을 가지는 것이 매우 중요하다."

　본질을 보지 못하면 겉으로 드러난 것에 현혹되기 마련이
다. 쏟아지는 지식과 정보 속에서 우리는 변하지 않는 그것을
찾아내야 한다. 그것을 찾아내지 못하면 헛고생하며 살게 된
다. 삶의 고통에서도 벗어날 수 없다. 인간다운 삶을 살기도 힘
들다. 그러니 드러난 징후들로부터 시간이 흘러도 변하지 않는
그것을 알아내라. 알아낼 수 있어야 그 길을 걸을 수 있을 테니.

독서 방법을 배우기 위해 80년이라는 세월을 바쳤다

"나는 독서 방법을 배우기 위해 80년이라는 세월을 투자했지만,
아직까지도 그것을 완전히 배웠다고 말할 수 없다."
《괴테와의 대화》

드러난 징후들로부터 그것을 알아내는 방법 중 독서가 단연 최고다. 책을 읽어야 보이지 않는 것을 볼 수 있다. 보이는 텍스트에 매몰되지 않고 텍스트 너머의 것을 꿰뚫을 수 있다. 저자의 의도를 파악하고 나만의 논리와 생각체계가 형성된다. 사고의 깊이를 추구하는 독서가 보이지 않는 것까지 다가가게 만든다. 그래서 독서기술이 필요하다. 독서기술에 따라 보이는

것이 달라지기 때문이다.

괴테는 독서가였다. 평생 책을 읽었다. 괴테가 책과 친숙해질 수 있었던 것은 가정환경 영향이 컸다. 괴테 아버지는 자신의 방을 책으로 채웠다. 당시는 책이 귀했다. 돈이 없으면 사기 힘들었지만 부유한 가정형편 때문에 다양한 책을 만날 수 있었다. 괴테는 그 책을 읽으며 생각의 깊이를 더하고 세상을 이해했다.

괴테의 아버지는 법률가라 이성적이었다. 반면 어머니는 문학을 사랑한 감성의 소유자였다. 어머니는 책을 읽어 주는 방식이 독특했다. 책을 읽어 주다가 결정적인 순간에 멈춘 후 어린 괴테에게 다음 이야기를 이어가 보라고 말했다. 어린 괴테는 스스로 이야기를 만들어 내면서 상상의 나래를 폈다. 다양한 방식으로 이야기를 이어 가는 과정에서 문학가의 기질이 싹텄다.

그래서인지 괴테는 독서방법을 평생 고민했다. 독서하는 방법을 배우기 위해 80년이라는 세월을 바쳤다고 에커만에게 이야기하니 말이다. 그럼에도 아직까지 그것을 다 배웠다고 말할 수 없다고 고백한다. 독서를 통해 인간이 지닐 수 있는 깊이와 지혜의 잠재력을 끊임없이 탐구하고 발전시킬 수 있다고 믿었기에 독서방법에 관심이 많았던 것이다.

독서는 단순히 정보 습득을 넘어서는 행위이다. 깊은 사고와 끊임없는 학습, 자기 성찰의 과정이 녹아 있다. 괴테는 독서를 통해 지식을 획득하는 것을 넘어서, 생각을 확장하고, 개인적인 경험과 연결 지으며, 더 깊은 이해와 지혜를 추구했다. 그래서 평생 책을 읽으며 배움을 멈추지 않았다. 《잠언과 성찰》에서는 독서가 단순한 지식 습득을 넘어서, 깊은 이해와 자기 성찰의 과정임을 강조하며 이렇게 말한다.

"책은 새로운 친구와 닮았다. 처음에는 대부분 의견이 일치하고 친근감을 느끼며 대단히 만족스럽다. 그러나 서로 더 잘 알아 가면서 차이점을 점차 알아 가게 된다. 이때 중요한 것은 일치하는 점과 다른 점을 명확히 인식하는 것이다."

쇼펜하우어도 독서를 강조했다. 행복한 삶을 살아가려면 독서가 필수 조건이라고 말한다.

"우리의 행복은 주머니에 무엇이 들어 있느냐 하는 것보다는 머릿속에 무엇이 들어 있느냐 하는 것에 달려 있다."

"먹은 것이 육체가 되고 읽은 것이 정신이 되어 현재의 자신이 된다."

니체는 책이 망치가 되어야 한다고 강조한다. 니체를 '망치를 든 철학자'라고 부르는 이유는 기존의 철학을 망치로 깨뜨리고 새로운 철학을 시도했기 때문이다. 책을 읽을 때도 새로움을 얻도록 읽어야 한다고 《즐거운 지식》에서 강조한다.

"우리가 읽어야 할 책은 마음과 같다. 읽기 전과 읽은 후 세상이 완전히 달라 보이는 책. 우리를 이 세상의 저편으로 이끌어 주며, 읽는 것만으로도 마음이 맑고 정화되는 듯 느껴지는 책. 새로운 지혜와 용기를 주는 책. 사랑과 미에 대한 새로운 인식과 관점을 안겨 주는 책."

독서방법에 정답은 없다. 책에 따라 접근방식이 달라야 하기 때문이다. 자신이 읽은 책이 무엇인지, 읽은 목적이 무엇인지에 따라 기술도 방법도 다르게 적용해야 한다.

중요한 것은 책을 읽는 것이다. 먹은 것이 없으면 살아갈 수 없듯이 읽는 것이 없으면 어제와 같은 생각으로 살아갈 수밖에 없다. 그래서 《변신》을 쓴 카프카는 책이 '마음속의 얼어붙은 바다를 깨는 도끼'여야 한다고 했다.

책을 읽어야 고통 속에 헤매고 있는 자신을 발견하고 탈출구를 찾을 수 있다. 인간답게 살아갈 방법이 보인다. 읽지 않으면 여전히 어제와 같은 삶을 살 수밖에 없다. 팥 심으면 팥 나고 콩 심으면 콩이 나듯이 당신이 읽은 책이 당신의 생각을 만들고 그 생각이 삶을 이끌어 간다. 어제와 다른 삶을 살고 싶다면 다른 생각을 해라. 당신은 무엇으로 새로운 생각을 만들어 낼 것인가.

교양 독서는
책을 읽고 난 뒤의 기쁨이다

"독서는 두 가지 목적을 가진다. 하나는 즐겁게 기분을 전환하기 위한 독서이고, 다른 하나는 지식과 교양을 쌓기 위한 독서다. 같은 책을 읽더라도 가져다 주는 기쁨이 전혀 다르다. 기분 전환을 위한 독서는 책을 읽는 동안의 기쁨일 뿐이지만, 지식과 교양을 얻기 위한 독서는 책을 다 읽고 나서야 느끼는 기쁨이다."

《괴테와의 대화》

독서는 목적 설정에서 승부가 갈린다. 그래서 '왜 읽어야 하는가?'의 물음에 답이 있어야 한다. 그러면 '어떻게 읽어야 할까?'의 답도 찾을 수 있다. 목적에 따라 책이 나에게 해 주는 말은 다르다. 아니, 다르게 받아들인다. 그러니 무작정 책을 펼치지 마라. 괴테는 독서에는 두 가지 목적이 있다고 했다. 그 두 가지를 영화 〈죽은 시인의 사회〉에서 키팅 선생님의 말로 이해할 수 있다. "의학, 법률, 경제, 기술 따위는 삶을 유지하는 데 필요해, 하지만 시와 미, 사랑, 낭만은 삶의 목적인 거야."

괴테가 살았던 시대는 산업혁명이 일어나면서 분업화가 일어났다. 한 분야를 깊이 공부하면서 전문성을 키워야 했다. 현실적인 공부였다. 많은 사람들이 삶을 유지하는 독서를 할 수밖에 없었다.

하지만 괴테는 교양을 위한 독서에 비중을 두었다. 개인의 정신과 사고를 확장시켜 성숙과 발전을 도모하는 데 초점을 둔 것이다. 교양소설의 기원이라 불리는 《빌헬름 마이스터의 수업시대》가 이를 증명한다. 주인공 빌헬름은 자신의 역할과 정체성을 찾는 데 고군분투하며, 인간으로서의 성숙과 발전을 도모하며 교양을 체화해 간다. 괴테는 교양이 보다 나은 인간으로 변화하는 데 가장 강력한 도구라고 보았다. 그 의미를 《괴테와의 대화》에서 이렇게 말한다.

"우리가 타고난 성향을 극복하려고 힘쓰지 않는다면 교양이 도대체 무슨 소용이 있겠는가."

교양Liberal Arts은 '자유인이 되기 위한 전인적 기예'라는 교육원리에 기반을 둔다. 문법, 논리, 수사, 산술, 기하, 천문, 음악 '자유칠과'로 정의되어 있다. 의학, 법률 등의 전공교육을 배우기 전에 자유칠과를 배워야 하는 것으로 다루었다. 그 후로 경제학, 자연과학 등이 포함되어 폭이 넓어졌다.

교양은 현상의 '본질'을 파악하여 이해하는 공부이다. 깊이 사고하고 분석하며 자기 안으로 내면화시키는 폭넓은 지식이다. '얕고 넓음'이 아니라 '깊고 넓음'을 추구한다. '깊고 넓음'을 뒤집으면 '높고 넓음'이 된다. 내 삶의 높이는 깊이에서 만들어진다. 결국 교양으로 인생의 승부가 갈리는 것이다.

교양은 깊이 생각하는 힘이 있어야 생성된다. 생각하는 힘이 없으면 현상 너머를 볼 수 없다. 그래서 사색할 수 있어야 한다. 사색할 수 있을 때 작가의 지식이 지혜로 거듭나 삶을 바꿀 수 있다. 쇼펜하우어는 《쇼펜하우어의 문장론》에서 사색의 중요성을 이렇게 말한다.

"알기 위해서는 물론 배워야 한다. 그러나 안다는 것과 스스로 깨달은 것은 엄연히 다르다. 앎은 깨닫기 위한 조건에 불과하다. 이런 의미에서 독서와 학습은 객관적인 앎이며, 이를 토대로 한 사색은 주관적인 깨달음이다. 누구나 책을 읽고 공부할 수 있지만, 이를 통해 깊이 있는 사색을 할 수 있는 사람은 드물다."

쇼펜하우어는 사색을 강조하며 괴테의 문장을 인용해 전한다.

"그대의 조상이 남긴 유물을 그대 스스로의 힘으로 획득하라"

조상들이 남긴 지식을 자신의 힘으로 사색해서 생각을 키우고 지혜로 만들라고 말한다. 이렇게 얻은 지식이 교양이 되어 삶의 변화를 이끌어 낼 수 있다는 것이다.

"고전은 자양분으로 충만해 있다. … 막다른 길에 서 있다고 느낄 때 읽는 고전은 지성의 교양에 특효약이다."

과학기술의 발달로 변화의 물결이 출렁거리고 있다. 하지만 심연의 바다는 고요하다. 인간 본질은 여전히 그대로다. 그래서 변하지 않는 본질에 대한 탐구가 필요하다. 고전에는 인간 삶의 원형이 담겨 있기에 오늘 삶에 적용해도 좋다. 더 깊은 삶의 심연으로 우리를 끌어 주는 게 고전이다.

교양은 책을 일방적으로 수용하는 독서로는 얻을 수 없다. 의문을 던지고 사색하며 텍스트 속에 깊이 숨겨진 의도와 의미를 파헤쳐야 한다. 끊임없이 질문하고 그에 대한 답을 스스로 정립하는 것도 중요하다. 깊이를 추구하며 넓이까지 아우를 수 있어야 한다. 그래서 고전을 읽어야 한다. 고전에는 인간 삶의 본질이 숨겨져 있어서 교양을 기르는 데 적격이니까.

검색에 길들여져 있으면 교양을 기를 수 없다. 습관적인 짧은 동영상 클릭도 도움이 안 된다. '어떻게든 되겠지'라는 막연한 기대감도 소용없다. 괴테의 말처럼 교양에 대한 '향상심'

이 필요하다. 향상되고자 하는 마음이 있어야 수련 과정의 고통도 견뎌 낼 수 있다. 수없는 방황, 실패, 경험, 성취가 순환하면서 얻어지는 게 교양이다. 교양인이 된다는 건 참으로 힘든 일이다.

내가 성공할 수 있었던 것은
분별력 덕분이다

"내가 성공할 수 있었던 것은 단순히 행운이 따랐던 것만이 아닙니다.
행운을 일으키고 그 행운을 다스릴 줄 아는 분별력의 덕분이랍니다."
《빌헬름 마이스터의 편력시대》

어느 시대나 정보가 중요하다. 명확하고, 차별화된 정보가 승
부를 가르는 열쇠였다. 공부를 열심히 하려는 것은 차별화된
정보를 얻기 위해서였다. 그런데 현대는 정보가 차고 넘친다.
정보 과잉의 시대다. 정보 부족의 문제가 아니라 정보 과잉으
로 더 큰 문제가 야기되고 있다. 차고 넘치는 정보 속에 가짜들
이 섞여 있어서 골머리를 앓는 것이다. 4차 산업혁명시대 진짜

실력자는 정보를 많이 확보하는 사람이 아니라, 수많은 정보 속에서 진짜를 분별해 낼 수 있는 사람이다.

분별력은 '서로 다른 일이나 사물을 구별하여 가르는 능력', '세상 물정에 대하여 옳고 그른 것을 판단하는 능력'이다. 오늘의 삶에 참과 거짓, 좋은 것과 나쁜 것, 중요한 것과 사소한 일, 먼저 할 일과 나중할 일을 구별하고 판단하는 능력이다. 나아가 문제점을 알아내는 것이 분별력이다. 우리가 삶에서 듣고, 읽고, 보고, 경험하며 수용되는 모든 지식 중에서 취사선택해 받아들이는 능력이 바로 분별력이다. 인간다운 삶을 살아갈 지혜가 분별력 속에 숨겨져 있다.

괴테는 분별력이 정말 중요하다고 생각했다. 소설 속이지만 성공의 근원이 분별력 덕분이라고 이야기할 정도다. 분별력이 올바른 목적을 이루는 시작점이라고 《빌헬름 마이스터의 편력시대》에서 말한다.

"당신은 지금, 분별력을 가지고 무엇인가를 계획하고, 통찰력을 발휘해 당면한 문제를 판단한 후 올바른 방향에서 시작하여 자신의 능력과 기량을 적절히 발휘해 올바른 목적을 향해 나아가야 할, 연령에 도달해 있는 것입니다."

분별력은 어떻게 키울 수 있을까. 괴테의 말로 해답을 찾아보자.

"의문은 언제까지나 그 자리에 머물러 있지 않아. 의문은 정신을 자극하여 더 상세한 연구와 실험을 유도하게 하며, 이 과정을 완료하면 우리는 확신을 얻게 되지. 이것이 바로 목표이며, 인간은 여기서 완전한 만족을 찾게 되네. 이는 통찰력을 얻은 것이라고 말할 수 있지. 우리가 의문을 통해 얻을 수 있는 최고의 수확이라네."

의문은 내가 접하고 있는 정보가 맞는지 아닌지를 따져 보는 시작점이다. 많은 독자들이 책을 읽으면서 의문을 품지 않는다. '이 책 내용은 맞을 거야'라며 전제하고 읽는다. 강의를 듣거나 영상을 볼 때도 의심 보다는 수용에 초점을 맞춘다. 그러다보니 분별력이 키워지지 않는다. 그래서 괴테는 의문을 품으라고 이야기한다. 의문을 품고 그 의문을 검증하라고 한다. 확신이 설 때까지 말이다.

니체는 어떤 지식이나 정보든 처음 만난 것처럼 대하라고 《여러 가지 의견과 잠언》에서 조언한다.

"많은 사람들이 너무 쉽게 보아 넘기는 것을 마치 새로운 창조물인 양 재검토하는 눈을 가진 사람이 독창적인 사람이다."

어떤 것이든 쉽게 보아 넘기지 말라는 의미이다. 비판적 사고 없이 지식과 정보를 수용하면 진짜인지 가짜인지 알 수 없다. 그러니 오늘 만나고 공부하는 것들에 의문을 품고 의심해 보라. 그 의심과 의문을 해결할 좋은 질문을 던지고 답을 증명해 보라. 그런 과정에서 진짜와 가짜를 분별하는 능력이 향상될 테니 말이다.

사고와 행동은 영원히
상호 반복되어야 한다

"사고와 행동은 숨을 들이쉬고 내쉬는 것과 마찬가지로 우리 인생에서 영원히 상호 반복되어야 합니다. 마치 질문과 대답처럼 한쪽이 없으면 다른 한쪽이 존재할 수 없는 거지요. …그래서 사고에서 행동을, 행동에서 사고를 반복적으로 검토하는 것이 필요합니다. 이런 접근을 철칙으로 삼는 사람은 길을 잃지 않고, 만약 잃게 된다 해도 빠르게 올바른 길을 찾아갈 것입니다."

《빌헬름 마이스터의 편력시대》

책을 읽고 공부하는 이유는 다양하다. 그중에서도 사고의 질을 높이기 위한 이유가 핵심이다. 깊이 생각하는 능력을 키우기 위해 독서하고 공부하는 것이다. 생각의 수준에 따라 삶의 수준이 결정되기 때문이다. 하지만 사고의 깊이만 추구해서는 곤란하다. 아니, 반쪽짜리다. 지식의 목표는 수용이 아니라 활용에 있기 때문이다. 아무리 많이 배웠어도 써먹지 못한 지식은 죽은 지식이다. 그래서 괴테는 사고와 행동이 상호 반복되어야 한다고 강조한다. 사고한 것을 행동으로 옮길 때 진짜 내 것이 되고 창조적인 생각이 탄생한다. 행동하는 과정에서 더 세밀하게 다듬어지고 체계화되고 사고의 질이 향상된다.

니체도 괴테와 같은 메시지를 전한다.

"공부를 하고 책을 읽는 것만으로는 현명해질 수 없다. 사람은 여러 가지 다양한 체험을 통해 현명해진다."

"시도와 질문, 그것이 나의 모든 과정이었다. 그리고 정말로, 사람들은 이러한 질문에 대답하는 법을 배워야만 한다."

사고와 행동이 상호 반복 된 이치를 이해하려면 '트리비움Trivium'을 알면 좋다. 트리비움은 '삼학(세 가지 배움)'으로 문법, 논리학, 수사학을 뜻한다. 인문학 공부법이자 고전공부법이다. 인간의 지능 향상과 세상의 모든 지식 콘텐츠는 트리비움 구조 안에서 작동되고 생산된다. 트리비움 구조를 잘 이해한다면 괴테가 한 말도 이해가 될 것이다. 다음은 트리비움 이해를 돕기 위해 만든 표이다.

<그림>〈트리비움 구조〉

문법(grammar)		논리학(logic)		수사학(rhetoric)
수용성		논리력		표현력
지식의 수용성		지식의 관계성		재구성된 지식과 지혜
읽기/듣기/보기	→	생각/사색하기	→	쓰기/말하기/삶
정보 축적		정보 이해		정보 활용
모으기		이어붙이기		완성하기
입력		정보처리		출력
먹고		소화하고		배출/성장

문법은 수용, 받아들이는 단계이다. 세상의 지식을 듣고, 보고, 배우고, 경험하고, 읽으며 자신 안에 축적시키는 단계가 문법이다. 내가 완성하고 싶은 퍼즐이 있다면 그 퍼즐 하나하나를 그러모으는 단계가 문법이다. 똑같이 강의를 듣거나 책을 읽어도 잘 이해하는 사람이 있고, 그렇지 못한 사람이 있다. 이 것은 수용하는 기술의 차이 때문에 나타난 현상이다. 그래서 괴테는 독서 기술을 배우기 위해 80년을 바쳤다.

두 번째는 논리, 사고하는 단계이다. 논리는 수용된 지식과 정보에 자신의 생각과 논리를 덧입히는 과정이다. 문법은 내 것이 아니라, 상대의 것이다. 사고의 과정에서 내 것으로 전환되기 시작한다. 사고를 하려면 사색과 질문, 분석과 분류, 추론을 필수다. 나아가 자신의 콘텐츠와 연결해 구조화, 체계화시킬 수 있어야 한다. 논리 사고는 누구도 흉내 낼 수 없는 나만의 콘텐츠를 생성시키는 과정이다.

세 번째는 수사, 표현(행동)하는 단계이다. 수용하고 이해하고 체계화시킨 지식과 정보를 말, 글, 삶으로 나타내는 과정이다. 우리는 흔히, "알긴 알겠는데 설명이 어려워요"라고 말한다. 설명하지 못하는 것은 모르는 것이다. 알았다면 설명할 수 있어야 하고 행동으로 옮길 수 있어야 한다. 내 생각을 덧입혀, 내 콘텐츠로 표현(행동)할 때 비로소 내 것이 된다.

문법, 논리, 수사는 유기적으로 작동되어야 한다. 어느 한 가지만으로 좋은 결과를 만들어 낼 수 없기 때문이다. 세 영역이 상호 반복 되면서 도움을 주고받아야 의미 있는 결과로 연결된다. 예를 들어 밥을 먹었다면 소화하고 배출을 잘해야 성장이 된다. 배출이 안 되면 음식과 소화에 문제가 생긴 것이다. 또한 건강에 도움이 되는 영양가 있는 음식을 먹어야 강건해질 수 있다. 건강을 해치는 음식을 아무리 잘 먹고 잘 소화해도 건강을 해칠 뿐이다. 그래서 트리비움이 균형을 잡도록 훈련해야 한다. 어느 한 부분이 결여돼도 의미 있는 결과를 만들어 낼 수 없기 때문이다. 괴테가 《괴테와의 대화》에서 에커만에게 한 말을 보면 이해가 갈 것이다.

"학교에서 고대사나 근대사에 대해 오랫동안 강의를 들었지만, 지금은 하나도 기억이 나지 않는다. 하지만 희곡을 쓰려고 집중해서 연구하고 작품에 적용한 지식은 항상 머릿속에서 사라지지 않는다."

세 개의 영역을 한꺼번에 훈련하는 방법을 소개하려 한다. 수용했다면 무조건 표현하라. 책을 읽었으면 반드시 말로 설명하거나 글로 써라. 자기를 계발할 수 있는 것들을 배웠다면 무조건 행동으로 옮겨라. 말하고, 쓰고, 행동하는 과정에서 사고는 저절로 향상되고 체계화될 테니.

사고와 행동을 상호 반복하는 것이 자연스러운 사람은 어떤 지식과 정보가 들어와도 자유자재로 운용이 가능하다. 두렵지 않다. 자신감이 있다. 그러니 오늘 삶에서 트리비움을 훈련하라. 훈련된 사람은 삶의 길을 잃지 않는다. 설령 잃는다 해도 곧 올바른 길을 찾아낼 수 있다.

당신과 닮은 부분이
많은 사람에게 배워라

"당신이 좋아할 수 있는 점을 많이 가진 사람은 모든 면에서
당신에게 긍정적인 영향을 미친다. 그러니 당신과 많이 닮은 사람들과
만나서 그들로부터 많이 배워라."

《괴테와의 대화》

인간은 가까이 하는 것을 닮아 간다. 또한 눈에 보이는 것을 흉내 내고 따라하며 살기 마련이다. 생선을 싼 종이에서 비린내가 나듯 내가 가까이 하는 사람의 향기가 내 몸에 베이기 마련이다. 그래서 오늘 가까이 하고 있는 사람이 누구인지가 중요하다. 그 사람을 나도 모르게 닮아 갈 수 있으니까.

괴테도 가까이 하는 사람들의 영향을 많이 받았다. 가장

큰 영향은 바이마르의 카를 아우구스트 대공이다. 대공의 위대한 면모에 끌려 바이마르에 정착할 정도였으니 말이다. 대공과는 격의 없이 대화를 주고받으며 바이마르의 발전을 꾀했다. 괴테는 "아우구스트 대공과 함께 살며 일하는 것이 기쁨이 되었다"고 고백한다. 그가 아우구스트 대공을 어떤 마음으로 대했는지 다음 말을 보면 알 수 있다.

"중요한 것은 단 한 가지다. 지나치게 인간적으로 행동하려고 하지 말고 오히려 항상 존경하는 습관을 몸에 익혀라."

그러면서 자신보다 유능한 사람을 인정하는 태도가 중요하다고 강조한다.

"자신보다 더 유능한 사람을 인정하지 못하는 사람은 속물이다. 더구나 속물은 자신이 갖지 못한 환경을 부정할 뿐만 아니라 모든 다른 인간이 자신과 똑같은 존재이기를 바란다."

괴테의 이런 배움의 자세는 《괴테와의 대화》에도 잘 드러나 있다.

"우리는 모두 과거에 존재했던 사람들과 현재 우리와 함께 존재하는 사람들에게서 받아들여지고 배워야 한다. 아무리 뛰어난 천재라도 자신의 모든 것을 자기 덕분으로만 생각한다면 그 사람에게는 이미 그 이상의 발전이 없을 것이다."

가장 큰 영향을 주고받은 사람은 프리드리히 폰 실러였

다. 실러와는 같은 지역에 살고 있어서 자주 만나 삶의 거의 모든 것을 서로 나누었다. 둘이 추구하는 사상이나 철학은 달랐지만 서로에게 좋은 영향을 주고받으며 성장했다. 서로 주고받은 편지가 1,000통이 넘을 정도였다. 특히《빌헬름 마이스터의 수업시대》와《파우스트》는 실러의 조언이 큰 영향을 끼쳤다. 괴테가 불멸의 작가가 될 수 있었던 요인 중 하나가 실러였던 것이다. 괴테는 죽은 후에도 아우구스트 대공, 실러와 함께 했다.

괴테의 인생 후반부에는 에커만과 함께 했다.《파우스트》의 출간을 에커만에게 맡길 정도로 신임한 제자였다. 에커만은 괴테가 세상을 떠날 때까지 함께 지내며 인생과 예술, 학문을 이야기 했다. 에커만은 괴테의 가르침이 필요했다고《괴테와의 대화》에서 이야기한다.

"나는 그가 말한 내용을 이해하고 기록해 두는 것을 즐겼다. 앞으로의 삶에서 그 말을 마음에 새기기 위해서였다."

그러면서 괴테를 통해 영혼의 성장을 이룰 수 있었다고 고백한다.

배움의 시작은 나와 닮은 점이 많은 사람으로 시작하면 좋다. 책도 유난히 잘 읽히는 책이 있고 잘 읽히지 않는 책이 있다. 잘 읽힌다는 것은 작가의 생각전개 방식과 사고체계가 나와 비슷하다는 의미다. 그러니 처음에는 잘 읽히는 책으로 배움을 시작하는 것이 도움이 된다. 그 시간이 무르익고 성숙해지면 나와 다른 것을 보는 안목이 생성될 수 있다.

카페에 다녀오면 몸에 커피향이 나듯이, 내가 만나는 사람과의 시간이 내 삶의 향기를 만든다. 나는 어떤 삶의 향기를 풍기고 싶은가? 그 향기를 내는 사람을 찾아라. 그 사람이 있는 공간으로 들어가라. 그리고 함께하라. 그 사람의 삶의 향기가 내 몸에 스며들 수 있도록.

이미 누군가가 생각했던 것을
한 번 더 생각해 보자

"멋있는 것들은 이미 누군가가 먼저 생각해 냈다.
우리는 단지 그것을 한 번 더 생각해 볼 필요가 있을 뿐이다."

《잠언과 성찰》

인간은 자기 생각으로 살 때 행복하다. 누군가의 생각으로 내 인생을 산다고 생각해 보라. 그런 내 삶이 아니다. 상대의 생각으로 사는 대역의 삶이다. 자기 생각이 이토록 중요한데 현대는 생각하는 게 귀찮아 컴퓨터에 의존한다. 사색하지 않고 검색으로 대신한다. 검색은 다양한 정보를 만날 수 있으므로 양적인 사고에 유용하다. 하지만 질적인 사고와는 거리가 멀다.

깊이 생각하는 과정 없이 누군가의 지식을 있는 그대로 수용했기 때문이다.

많은 사람들이 착각한다. 책을 읽고 강의를 들은 것이 내 것이라고. 아니다. 그것은 저자나 강사의 것이다. 내 것이 되려면 한 번 더 생각하는 과정이 필요하다. 한 번 더 생각을 더하여 나만의 언어로 삶으로 전환할 수 있어야 진짜 내 것이다.

괴테는 에커만에게 고백한다. 자신의 작품은 누군가가 제공해 준 소재로 약간의 정신을 불어넣은 것이라고.

"솔직히 말해서, 내가 정말 내 것이라고 말할 수 있는 것이 무엇이 있겠는가. 보고 듣고, 구별하고 선택하는 일을 하며 그렇게 얻은 것들을 약간의 창의력으로 재해석하고 새롭게 만들어 내는 능력과 취미 말고 또 무엇을 내가 소유하고 있었겠나. 나의 작품은 나의 지혜 덕분이라고 결코 생각하지 않네. 이것은 나에게 소재를 제공해 주는 수많은 사물과 사람들 덕분이라네."

지식뿐만이 아니다. 재능적인 부분도 같은 맥락이라고 괴테는 말한다.

"흔히 재능이 있다고 자부하는 사람들이 하는 것을 보면 그것이 무엇이든 자신도 쉽게 할 수 있을 것이라고 착각한다. 그러나 이러한 생각이 결국 그의 재능을 훼손시키고 결국 큰 실패로 이어지게 된다."

쇼펜하우어도 누군가의 지식을 있는 그대로 받아들이는 것과 스스로 생각하는 것이 중요하다고 말한다.

"책에만 의존하는 평범한 철학자와 스스로 사고하는 사람의 관계는 역사 연구자와 목격자의 관계와 비슷하다. 독립적으로 사고하는 사람은 자신이 직접 파악한 것에 대해 말한다."

"책에서 얻는 사상은 화석으로 남긴 태고의 식물이며, 자신의 내면에서 솟아나는 사상은 봄에 싹이 나는 초목과 같다."

니체는 독창적이기 위해서는 새로운 관점으로 다가갈 것을 《즐거운 학문》을 통해 조언한다.

"독창적인 사람은, 다른 이들도 이미 보았지만 아직 알아차리지 못한 것을 알아보고 그것에 새로운 이름을 부여하는 사람이다."

이미 누군가가 했던 생각은 힘이 없다. 대신 그것을 한 번 더 생각한 사람에게 힘은 집약된다. 한 번 더 생각하며 그것에 새로운 정체성을 부여하는 사람이 새로운 세계의 주인공이 된다. 그러니 그저 한 번 더 생각해 볼 필요가 있다는 마음을 품자. 위대한 생각은 한 번 더 생각하는 사람의 것이니까. 독창적인 것도 한 번 더 생각하는 사람들에게서 꽃이 필 테니까.

이해할 수 없는 것은
소유할 수 없다

"이해하지 못한 것을 우리는 소유하지 못한다"

《잠언과 성찰》

우리는 하루에도 수많은 지식과 정보를 만난다. 그중에서 진짜 자신의 것은 이해한 것뿐이다. 이해하지 못한 지식과 정보는 머리만 아프게 한다. 괴테의 말처럼 이해할 수 없는 것은 소유할 수 없으니 말이다. 괴테는 이해의 중요성을 간파하고《잠언과 성찰》에 다양한 메시지를 이야기한다.

"누구든 자신이 이해할 수 있는 것만 귀에 들어온다."

"자신이 그것을 경험했다는 것만으로 그것을 이해했다고 생각하는 인간이 많이 있다."

이해력은 사고와 표현, 추론과 창의적인 산물을 생성하는 첫 단추다. 이해력의 다른 말은 문해력이다. 글자를 읽고 이해하는 능력이다. 이해할 수 있어야 사고력이 향상되고, 사고력이 좋아야 논리와 체계를 갖춰 표현에 성공할 수 있다. 그 다음은 추론능력이다. 우리가 살아가는 데 꼭 필요한 능력 중 하나가 추론능력이다. 진로, 결혼, 사업, 인생설계, 노후준비, 자녀교육은 모두 추론능력을 근간으로 세워진다. 삶의 거의 모든 부분이 추론의 과정을 거친 예측력으로 결정된다. 4차 산업혁명시대 빅데이터가 필요한 이유도 정확한 예측을 위해서이다.

4차 산업혁명시대는 글자를 이해하는 텍스트 문해력뿐만 아니라 다양한 문해력이 요구된다. 그 중에서도 디지털 문해력은 필수다. 스마트폰, 각종 애플리케이션, 챗GPT와 같은 AI챗봇, 디지털 금융 등을 이해하고 사용할 수 있는 능력이 요구된다. 현대는 일상생활과 업무를 디지털로 해결하고 있으므로 더욱 디지털 능력을 키워야 한다. 다양한 디지털 용어와 기술을 이해하지 못하면 부정확한 정보를 오인해 잘못된 진단과 예측으로 혼란을 초래할 수 있다. 삶의 근간이 흔들리게 된다.

오늘 만난 지식과 정보를 일방적으로 믿지 마라. 비판적으로 생각하며 따져 보라. 진짜인지 가짜인지. 무엇보다 관련된 지식의 어휘와 개념을 익히며 근원을 파헤쳐라. 근원을 알면 그로부터 파생되는 것들을 이해하는 것은 그리 어렵지 않을 테니.

괴테는 자신이 접한 것들의 근원을 파헤쳤다. 교양소설은 50여 년, 색채연구는 40년, 《파우스트》는 60년을 투자했다. 이 외의 다른 분야도 근원을 이해하면서 연구에 임하거나 작품을 썼다. 시를 쓸 때도 자신이 체험한 것만 썼다. 자신이 이해한 것을 체화해 시로 승화시킨 것이다. 《잠언과 성찰》에는 학문을 대하는 괴테의 태도를 엿볼 수 있다.

"인간은 이 세상의 여러 가지 문제를 해결하기 위해 태어난 것이 아니라, 일단 분명하게 어디에서 문제가 시작되는지를 묻고, 그 후에 그 한계선 안에서 파악할 수 있는 것에 집중하도록 태어난 것이다."

《빌헬름 마이스터의 편력시대》에는 이해력의 중요성을 명료하게 설명한다.

"한 인간이 한 가지 일을 아주 깊이 이해하고, 그 일을 자신의 주변 사람들이 쉽게 따라할 수 없을 정도로 탁월하게 수

행하는 것, 그것이 중요한 것입니다."

니체도 《인간적인 너무나 인간적인》을 통해 이해력을 강조한다.

"주어진 임무나 약속을 잘 이해하고 꾸준히 지키기 위해서는 충분한 이해력과 기억력이 필요하다."

니체는 아무런 도움이 되지 않는 것 같은 것에도 최선을 다하라고 조언한다. 매순간 만나는 것을 어떻게 대하는지에 따라 인간으로 잘 살아가는 데 필요한 토대, 이해력이 증강된다고 말한다. 이해력은 어느 한순간에 마법처럼 형성되는 것이 아니라, 매일의 삶에서 접하고 만나는 것들을 자신의 것으로 만들기 위해 단련하는 과정에서 생성되는 능력이다.

괴테와 니체의 말을 새기며 오늘 만나는 텍스트와 정보들을 어떻게 대해야 할지 생각해 보자. 이해하지 못하는 것은 소유할 수도 없으니.

의미 있는 것은
고독 속에서 만들어진다

"뭔가 의미 있는 것은 고독 속에서 만들어진다는 것을 나는 절감했다.
널리 인정받은 내 작품은 고독의 결실이다."

《시와 진실》

삶의 깊이는 혼자 있을 때 생긴다. 여기서 혼자 있다는 말을 오해해서는 안 된다. 사람들과 만나지 않고 외롭게 지낸다고 혼자 있는 것이 아니다. 아무도 없는 곳에서 핸드폰을 들고 끊임없이 검색하고 SNS에 빠져 있다면 이것도 진정한 혼자라고 보기 어렵다. 사색하고, 생각을 정리하기 위해 혼자만의 시간을 갖는 것이 진정한 혼자가 되는 시간이다. 자발적으로 고독의 시간을 갖는 것이 삶의 깊이를 더하는 혼자의 의미다.

괴테의 삶에 전환점이 된 것은 이탈리아 기행이었다. 괴테가 이탈리아로 훌쩍 떠난 것은 분주한 삶에서 떠나 자신과의 농밀한 시간을 갖기 위해서였다. 바이마르에서는 억압을 받고 있다고 생각했다. 그래서 이탈리아로 훌쩍 떠났다. 괴테는 여행을 통해 자신을 돌아보고 깊이 생각하는 시간을 보냈다. 그리고 고독의 참 맛을 느꼈다. 그 의미를 《이탈리아 기행》에 이렇게 밝혔다.

"지금까지 갈망했던 고독을 이제야 맛보게 되었다. 아무도 모르는 혼잡 속에서 진정한 고독을 느끼게 되었기 때문이다."

괴테는 의미 있는 것은 고독 속에서 만들어진다는 것을 절감했다. 자신의 작품은 고독의 산물이라고 자서전인 《시와 진실》에서 이야기한다. 그래서 평소의 삶에서 고독을 즐겼다.

괴테는 정원으로 둘러싸인 곳에 집을 지었다. 그는 뛰어난 조경가였고 정원사였다. 바이마르의 집과 정원은 괴테가 직접 설계하고 개조할 정도였다. 괴테는 정원 속에서 산책을 즐기며 자연과 교감했다. 고독한 시간 속에서 자기 자신과 대화하며 내면을 탐구했다. 깊이 생각하는 가운데 창작에 대한 영감이 떠오르고 인생과 예술에 대한 깊은 이해를 할 수 있었다.

괴테는 에커만에게 고독의 시간이 부족함을 안타까워하며 이렇게 말했다.

"내 진정한 행복은 시를 떠올리고 창작하는 일이었네. 그런데 공직 때문에 그 일이 얼마나 지장을 받고 제약과 방해를 받았는지 모르네. 공적인 일과 활동에서 멀어져 고독하게 살았더라면 한층 더 행복했을 거네. 그리고 시인으로서 더 많은 일을 해낼 수 있었을 거네."

괴테는 혼자 있는 시간을 즐겼다. 조용한 곳에서 책을 읽고, 그림을 그리고, 음악을 들었다. 그런 시간들이 쌓여서 세계적인 문학 작품이 탄생한 것이다.

쇼펜하우어도 고독을 중요하게 여겼다.

"인간은 혼자 있을 때 본래의 '자신'이 될 수 있다. 고독을 사랑하지 않는 사람은 자유를 사랑하지 않는 사람이라고 해도 과언이 아니다."

쇼펜하우어는 주변에 방해를 받지 않고 혼자 있어야 함을 강조한다. 혼자 있어야 진짜 자신이 되기 때문이란다. 혼자 있음을 선택하지 않는다면 사람들에게 자신의 소중한 시간을 빼앗기고 만다. 자신의 의견을 분명하게 밝히지 않으면 사람들이 수시로 찾아와 번거롭게 하거나 마음의 평온을 깨뜨린다. 그래서 자기를 찾는 사람들에게 혼자 있는 시간을 미리 알려 줄 필요가 있다. 그래야 서로 얼굴을 붉히는 일이 생기지 않는다.

니체도 괴테처럼 삼십대 중반에 자기 자신을 찾기 위한 여행을 떠난다. 다양한 질병으로 육체적 정신적으로 피폐한 상태여서 쉼이 필요했다. 아니 혼자만의 시간을 가지며 자신을 만나는 시간이 필요했는지도 모른다. 니체는 책 몇 권을 가방에 넣고 끊임없는 여행길에 오른다. 니체는 스위스, 이탈리아 등을 다녔다. 스위스 실버풀라나 호숫가에서는 영원 회귀 사상을 탄생시켰다. 니체는 자연 속에서 자신과 대화를 나눴고, 삶에 인생에 대한 깊이 있는 성찰의 시간을 가졌다. 여행이 니체의 삶에 전환점을 가져다 준 것이다. 니체는 《즐거운 학문》에서 그 의미를 이렇게 말한다.

"우리는 책 사이에서만 사상을 읽어야 비로소 사색으로 나아가는 인간들이 아니다. 길 자체가 사색을 열어 주고 고독한 산이나 바닷가에서 생각하고, 걷고, 뛰어오르고, 산을 오르며 춤추는 과정에서도 깊이를 더할 수 있다."

현대는 고독할 기회를 주지 않는다. 수많은 소식과 정보들이 수시로 정적을 깨뜨리고 나를 초대한다. 그런 초대에 응하지 않으면 외톨이가 될 것 같아 내가 먼저 나서서 초대하고 응대를 한다. 그럼에도 여전히 삶이 그대로라면, 잠시라도 혼자만의 공간으로 떠나라. 고독 속으로 들어가라. 고독해야 내면의 소리를 들을 수 있고, 고통 속에서 신음하고 있는 나를 어루만져 줄 수 있다. 오늘 무엇을 위해 살아야 할지도 보인다. 인생의 깊이는 고독의 산물이니까.

그런 것은
모두 습관 탓이라네

"그런 것은 모두 습관 탓이라네.
갓난아기도 엄마의 젖을 보고 처음부터 즐겨 빨아대지 않잖아.
그러나 버릇이 들면 곧 탐욕스레 매달리게 되는 법이지."
《파우스트》

드러난 징후들로부터 그것을 알아내는 능력은 하루아침에 완성되지 않는다. 수많은 배움의 시간이 쌓여야 생성된다. 문제는 얼마큼의 노력을 기울여야 그 능력이 완성될지 알 수 없다는 것이다. 그래서 답답하다. 부지런히 읽고 쓰고 배우는데도 달라지는 것이 없을 때 우리는 좌절한다. 나름 최선을 다했는데도 여전히 같은 자리를 맴돌고 있는 것 같을 때는 허무하다.

그럼에도 배움을 게을리 하지 말아야 한다. 매일의 성실한 습관만이 결과를 만들어 줄 테니까.

괴테는 습관을 중요하게 생각했다. 우리의 삶이 습관의 산물이듯이 괴테도 습관을 따라 움직였다. 아침 5시 반부터 오후 1시까지는 글을 쓰거나 책을 읽었다. 번뜩 떠오른 글감은 즉시 냅킨에 적었다. 얼마나 급하게 썼는지 냅킨에 비스듬하게 마구 적어 둔 흔적은 당시 상황을 짐작케 한다. 철지난 달력에도 마구 글을 썼다. 반쯤 찢긴 종이에 써 내려간 글도 있다. 그런 글들이 여전히 우리 삶에 자양분이 되고 있다. 쉼 없이 글을 써 내려간 습관은 삶이 다하는 날까지 이어졌다.

습관을 지속하는 일은 쉽지 않다. 인간은 중력을 거스르며 살기 참 어려운 존재이기 때문이다. 앉으면 눕고 싶고, 누우면 자고 싶고, 자면 계속 자고 싶은 게 인간이다. 이런 우리에게 괴테는《젊은 베르테르의 슬픔》을 통해 이야기한다.

"우리 인간의 본성은 게으름으로 기울기 쉽습니다. 그러나 일단 마음을 가다듬고 분발하기만 하면, 일은 잘 진척되고 활동 속에서 진정한 기쁨을 찾아낼 수 있을 것입니다."

《빌헬름 마이스터의 편력시대》에는 안 되더라도 다시 시작해 볼 것을 권유한다.

"우리는 옛것의 기초를 존중하지만, 그래도 어디서든 다시 한번 시작할 권리를 포기해서는 안 된다."

니체는 《즐거운 학문》에서 습관의 중요성을 이렇게 말했다.

"당신에게는 무엇이 매일의 역사인가? 그것을 이루는 당신의 습관을 돌아보라. 그것은 무수히 많은 사소한 비겁과 나태의 결과인가, 아니면 용기와 창조적인 이성의 결과인가?"

니체는 습관에 따라 그에 걸맞은 산물을 만들어 낼 수 있다고 말한다. 비겁과 용기도 습관에 따라 결정된다고 한다.

쇼펜하우어도 우리가 어떤 상황에서든 항상 노력하고 투쟁해야 한다는 것을 강조한다.

"현실 세계에서는 그것이 아무리 공평하고 행복하고 즐거운 것일지라도, 우리는 항상 중력의 법칙 아래에서 움직이기 때문에 그 무게를 끊임없이 이겨 내야 합니다."

살다 보면 불가피한 어려움과 고통이 우리를 엄습한다. 도저히 일어날 수 없을 것 같은 삶의 무게에 짓눌릴 때가 있다. 그래도 그 무게를 견디며 일어서야 한다. 일단 마음을 가다듬고 분발하기만 하면, 일이 술술 풀릴 때가 있을 테니까.

첫 술에 배부를 수는 없다. 무엇이든지 쌓이고 모여야 결과를 만들어 낼 수 있다. 그때까지 쉬지 않고 반복하는 노력이 필요하다. 당장 눈앞에 결과가 보이지 않아도 쉬지 말자. 오늘

'하루'는 약하지만 그 하루가 '매일'이 되면 놀랍도록 강하니까. 삶의 기적은 오늘 내가 반복하는 것에 달려 있음을 꼭 기억하자. 나는 오늘 무엇을 반복해야 할까?

4장

인간은 노력하는 한
방황하는 법이니라

노력과 방황

인간은 노력하는 한
방황하는 법이니라

"인간은 노력하는 한 방황하는 법이니라."

《파우스트》

인간이 소중하다고 여기는 가치 있는 것들은 저절로 얻어지지 않는다. 희망, 사랑, 꿈, 배려, 인내 등은 그에 상응하는 대가를 지불해야 한다. 끊임없는 노력을 지속해야 바라는 결과에 다다를 수 있다. 반면에 삶에 부정적인 것들은 노력하지 않아도 삶 곳곳에 나타나서 인간을 괴롭힌다.

인간은 끊임없이 앞으로 나아가려는 마음이 있다. 이런

마음에 갈등과 방황은 당연하다. 방황은 내면의 갈등이 겉으로 표출되는 것을 의미한다. 노력하고 있는 것에 대한 자신의 마음이자 태도이다. 마음이 갈팡질팡하는 것이다. 하지만 긍정적인 내적 반응에 응해도 고통은 멈추지 않는다. 성장은 이렇게 노력과 방황의 이중주 속에서 이뤄진다. 괴테의 말처럼 노력하고 있다면 방황은 당연한 것이다.

"인간은 노력하는 한 방황하는 법이니라."

이 말은 괴테 문학작품을 관통하는 맥이다. 《파우스트》의 주제선율이기도 하다. 악마 메피스토가 인간을 보고 비아냥거릴 때 신은 말한다. "인간은 노력하는 한 방황하는 법"이라고. 그러면서 인간을 시험해 보라며 악마인 메피스토에게 파우스트의 영혼을 맡긴다.

메피스토는 파우스트가 구원에 이르지 못하도록 집요하게 방해한다. 인간의 특성을 간파하고 요소요소마다 함정을 파고 유혹한다. 향락에 빠지도록 젊음을 부여하며 무너뜨리려고 한다. 순수한 시골 처녀인 그레트헨과의 첫사랑, 절세미인 헬레네와 사랑은 결국 비극으로 끝나고 만다. 파우스트는 향락과 그 무엇을 향한 것과의 사이에서 방황한다. 그리고 결국 선한 목적이 인생의 참 의미임을 깨닫고 악마와의 싸움에서 마침표를 찍는다.

괴테는 파우스트를 통해 인간은 그 무엇을 향해 끊임없이 추동되어 살아간다고 말한다. 교양소설인 《빌헬름 마이스터의 수업시대》를 통해서도 방황을 강조한다.

"나는 한 아이나 젊은이가 낯선 길 위에서 똑바로 걷고 있는 것보다, 자신의 길에서 방황하는 모습을 더 바람직하다고 생각해요. 방황하는 사람은 자신의 노력이나 다른 사람의 안내를 통해 결국 자신에게 맞는 올바른 길, 즉 자기 본성에 알맞은 길을 찾게 되면, 다시는 그 길을 잃지 않을 겁니다. 그러나 낯선 길 위에서 똑바로 걷는 사람은 방종의 위험에 빠질 가능성이 항상 존재합니다."

괴테는 방황하는 인간이 자아실현을 이룰 수 있다고 빌헬름의 삶을 통해 이야기한다. 무언가를 성취하려면 방황은 필연적이라는 것이다. 괴테는 한 분야를 성취한 후 다시 방황 속으로 들어갔고 의미 있는 결과를 만들었다.

그런 후 다시 또 방황의 길로 스스로 들어갔고 인류사에 길이 남을 결과물을 세상에 남겼다. 인간은 방황하는 과정이 있어야 바라는 소망을 이루고 더불어 성장과 성숙을 이룰 수 있다는 것을 자기 삶으로 증명한 것이다.

니체도 의미 있는 삶을 위해 향상심을 부르짖는다. 힘에의 의지, 초인 사상으로 자신을 극복하며 무의미한 삶에서 벗어나라고 《방랑자와 그 그림자》에서 강조한다. 높은 곳을 향해 끊임없이 노력하라고 말한다.

"높은 곳을 향해 끊임없이 노력하는 것은 결코 헛되지 않다. 지금은 마치 헛된 장난처럼 보일지라도, 분명 조금씩 정상을 향해 나아가고 있음을 명심하라. 오늘 그 정상은 아직 멀게 보이지만, 내일 조금 더 높은 곳을 향해 나아갈 힘을 키울 수 있다."

《차라투스트라는 이렇게 말했다》에서는 자신이 바라는 삶을 응시하며 나아가라고 조언한다.

"나는 그대가 희망과 사랑을 결코 버리지 않기를, 그대의 영혼 속에 깃든 영웅을 절대 포기하지 않기를, 그대가 희망하는 삶의 최고봉을 계속해서 성스러운 곳으로 여기며 똑바로 응시하며 나아가길 바란다."

배가 거센 파도를 만나지 않는 방법이 있다. 항구에 정박해 있으면 된다. 새가 바람에 흔들리지 않는 방법이 있다. 둥지를 떠나지 않으면 된다. 인간들도 방황하지 않는 방법이 있다. 바라는 것 없이 아무것도 하지 않으면 된다. 그러면 노력할 필요도 없고 방황도 없다.

방황하고 있다는 것은 지금 삶이 치열하다는 것이다. 더 나은 삶으로 나아가고 있다는 증거다. 그러니 방황하고 있는 자신을 질책하지 말자. 오히려 다독여 주며 한 번 더 용기를 내 보라고 응원해 주자. 인간은 노력하는 한 방황하는 법이니까.

자유도 생명도 날마다 싸운 자만이
누릴 자격이 있다

"그렇다! 나는 이 뜻을 위해 모든 것을 바칠 것이다.
지혜의 최종 결론은 이렇다. 자유와 생명도 날마다 싸워서 얻는 자만이
그것을 누릴 자격이 있다."

《파우스트》

인간은 자주 후회를 한다. 매일의 삶에서 '그때 이렇게 했더라면' 하고 후회한다. 죽기 전에도 후회는 멈추지 않는다. 호스피스 간호사가 죽기 전에 가장 많이 하는 후회 다섯 가지를 정리했는데 그중에 '내 뜻대로 살지 못하고', '도전하지 않는 것'이 포함되어 있었다. 우물쭈물하다가 자신이 원하는 삶을 살지 못했다는 것이다. 그래서 괴테는 날마다 싸워서 얻는 자가 자유

도 생명도 누릴 자격이 있다고 말한다. 오늘 후회 없는 삶을 살라는 이야기다.

괴테는 우물쭈물하지 않았다. 마음에 동하는 것이 있으면 즉각 움직였다. 법률 공부를 하다가 문학을, 문학을 하다가 정치를, 정치를 하다가 여행을, 여행을 한 후에는 행정가의 길에서 자연과학의 길로 들어섰다. 과학에 예술을 접목하고, 문학과 예술에 과학을 덧입혔다. 어려서부터 그림을 그렸고, 음악을 들었다. 수많은 여인들과 깊은 사랑에 빠지기도 했다. 그 과정에서 방황은 당연했다. 괴테는 자기계발에 성공하려면 많은 방황이 필요하다고 생각했다.

방황한다는 것은 끊임없는 시도와 실천이 있었다는 말이다. 그 과정에서 실패는 당연하다. 그럼에도 계산하지 않고 맞부딪혔다는 의미다. 부딪치고, 깨지고, 넘어지고, 다시 일어서는 것이 방황이다. 그 의미를 에커만과의 대화에서 괴테는 이렇게 풀어낸다.

"우리가 하는 모든 일에는 반드시 어떤 결과가 따르기 마련이지. 하지만 현명하고 정당한 일을 한다고 해서 반드시 좋은 결과만을 얻는다고는 할 수 없네. 반대로, 부정한 일이 항상 나쁜 결과를 가져오는 것도 아니며, 오히려 반대의 결과를 초래할 때도 있다네. … 살다 보면 이러한 일이 여러 번 반복되곤

하지. 그래서 이러한 사실을 잘 아는 사람들은 무슨 일을 하든 대담무쌍하게 일에 덤벼든다네."

괴테가 삶을 대하는 자세를 보면 실천을 얼마나 중요하게 여기는지 알 수 있다. 《빌헬름 마이스터의 편력시대》에 나오는 이야기는 아주 강력하다.

"사는 동안 어떤 일도 미루지 마라. 너의 삶은 실천, 또 실천일지니!"

오늘도 삶에서 주저하고 있다면 뜨끔할 만한 메시지다. 계산하고 푸념하며 머리로만 삶을 살아가는 이들에게는 화살처럼 꽂히는 이야기다.

니체도 행동하는 것이 목표한 높은 곳으로 한 걸음 나아갈 수 있다고 《즐거운 지식》을 통해 말한다.

"우리가 무엇인가를 시작할 기회는 늘 지금 이 순간밖에 없다. … 당신이 열심히 하는 동안 불필요한 것은 저절로 멀어진다."

기회는 항상 내 앞에 머물러 있지 않는다. 내가 잡지 않으면 순식간에 사라져 버린다. 찰나의 순간에 어떤 선택을 하느냐가 내 삶을 만들어 간다. 그러니 망설이기보다는 움직여라. 고민하기보다는 시도하라. 시도하고 도전하다 보면 불필요한 것들은 저절로 내 곁에서 멀어질 테니 말이다.

쇼펜하우어도 오늘의 삶을 중요하게 생각했다.

"오늘이라는 날은 오직 한 번뿐이며 두 번 다시는 찾아오지 않는다는 것을 항상 명심하는 것이 좋다."

'오늘은 어제 죽어 간 이들이 그토록 살고 싶어 한 날'이라는 경구가 있다. 머뭇거리고 미루며 사는 오늘이 그 누군가에는 희망을 노래할 수 있는 간절한 날이다. 그러니 오늘을 헛되이 보내지 말자. 도망치지 말고 맞서자. 결과에 연연하지 말고 싸워 보자. 지나온 삶을 바꿀 수는 없지만 내일의 삶은 바꿀 수 있다. 빛나는 내일은 대담무쌍하게 덤비며 최선을 다한 오늘을 통하여 살아갈 수 있다.

오래 버티는 사람이
무엇인가를 성취해 낸다

"가장 오래 버티는 사람이 결국 무엇인가를 성취해 내는 법이지요."

《빌헬름 마이스터의 편력시대》

세상의 속도가 참 빠르다. 속도를 따라가려다 보니 조바심이 날 때가 많다. 새로운 지식과 기술을 놓칠 까봐 여기저기 기웃거리지만 확신이 없다. 성공한 사람의 노하우를 배워서 사업을 구상하고 투자할 곳을 찾아보지만 갈 길이 멀게 보인다. 그러다 보면 슬쩍 포기하고 싶어진다. 이내 다시 다른 시도를 해 보지만 반복되는 좌절감으로 힘든 날을 보내기도 한다.

지금 무엇인가를 시도할 계획이 있고 시도하는 중이라면 기억해야 할 것이 있다. 세상에 감동을 주고, 인정받는 것들은 모두 기다림의 결과였다는 것을. 기다림 없이 맺히는 꽃망울이 없고, 기다림 없이 영그는 열매도 없다. 오래토록 사랑받는 것은 더 오랜 기다림으로 만들어진다. 내 삶의 열매도 그렇다. 열매에 따라 맺는 시기가 다르니, 내 때를 묵묵히 기다리며 나아가야 무엇인가를 성취할 수 있다.

괴테는 기다림의 사람이었다. 한 번 마음이 움직이면 열매가 맺힐 때까지 지속했다. 교양소설은 50여 년을, 색채 연구에도 40년이라는 세월을 쏟았다. 식물에도 관심이 많아 40여 년을 연구한다. 〈식물변형론〉이라는 논문을 발표하고 《파우스트》에도 녹여 낸다. 주인공 파우스트가 인간 탐구와 성장을 식물 세계와의 관계로 풀어낸 것이다. 독서기술은 80년을 투자했다. 슈타인 부인에게는 1,800통의 편지를 썼고, 실러와는 1,000여 통의 편지를 주고받으며 소통했다. 이런 괴테의 특성은 《젊은 베르테르의 슬픔》에도 잘 나타나 있다.

"우리가 아무리 힘이 약하고 고생스럽더라도, 있는 힘을 다해 계속 앞으로 나아간다면, 비록 꾸물거리며 갈 짓자 걸음으로 걷더라도 돛대를 달고 노를 저어 가는 다른 사람들보다 어느새 앞서가게 되는 경우가 종종 있다. 그렇게 다른 사람과

나란히 서거나 앞질러 갈 때 비로소 진정한 자부심이 생기는 법이다."

제자 에커만에게도 이런 태도를 이야기해 준다.

"나는 언제나 나만의 방식으로 진지했었고, 끊임없이 나 자신을 평가하며 노력한 덕분에 평생을 통해 착실한 진전을 이루어 왔네."

괴테의 지적 산물은 수많은 세월 곰삭혀 이뤄 낸 진국이다. 그의 농익은 삶의 성찰은 세월과 함께 인류에게 유유히 스며들고 있다. 앞으로도 그럴 것이다.

쇼펜하우어도 기다림이 중요하다고 말한다. 오랫동안 사랑받는 것들은 모두 숙성의 과정이 있었다고 말이다.

"일반적으로 길고 오래 지속하는 명예일수록 늦게 발현된다. 훌륭한 것은 숙성의 시간이 필요하기 때문이다."

쇼펜하우어는 훌륭한 것을 떡갈나무에 비유한다. 고목은 아주 천천히 성장해 우뚝 서게 된다. 뿌리를 깊이 내리며 준비하는 시간이 있을 때라야 높이 성장하게 된다는 것이다. 반면 찰나의 명성은 한해살이풀처럼 순식간에 성장해 잠시 후에 말라 버린단다. 기다림 없이는 명성도 좋은 나무도 만들어질 수 없다고 조언한다.

니체도《방랑자와 그 그림자》에서 기다림의 중요성을 이

야기한다.

"재능이나 기량을 충분히 갖추고 있어도 일을 완성시킬 수 없는 사람이 있다. 그는 시간을 기다리지 못하며 완성을 조심스럽게 기다리지 않는다. … 업무나 작품 제작에서도 차분히 힘써야 한다. 성급하게 처리한다고 해서 보다 빨리 완성되지 않기 때문이다. 일을 완성하는 데에는 재능과 기량보다도 시간에 의한 숙성을 믿으며 끊임없이 걸어가는 인내의 기질이 결정적인 역할을 한다."

하늘을 나는 아름다운 나비는 고치 속에서 오래토록 버티고 기다린 결과다. 어두운 고치 속이 갑갑하다고, 두꺼운 껍질을 뚫고 나오는 것이 힘들다고 포기했다면 하늘을 날 수 없었다. 고치 속의 애벌레의 시간은 멈춰있는 것 같지만 아니다. 껍질을 뚫고 나올 힘을 축적하는 시간이며, 나비가 되기 위해 변신하는 시간이었다.

지금 무엇인가를 시도하고 있는가? 그렇다면 버티고 기다려라. 버티는 시간은 허송세월이 아니다. 곰삭히고 있는 중이다. 숙성되고 있는 기간이다. 삶이 더 단단해지도록 힘을 축적하고 있는 시간이다. 삶의 소중한 것들은 언제나 천천히 만들어진다.

좋지 않을 때는
결코 조바심을 내면 안 된다

"어느 날, 나 자신도 남도 너무 싫고 견딜 수가 없어서
마음이 닫힐 때가 있다. 예술가에게는 이런 일이 자주 일어난다.
그렇게 상태가 좋지 않을 때는 결코 조바심을 내지 말아야 한다.
당신의 실력과 힘은 사라지지 않는다. 어려운 시기를 견디면,
좋은 시기에 두 배로 더 좋아진다."

시 〈좋은 조언〉

우리의 삶은 날씨와 같다. 햇살이 가득할 때가 있으면 흐릴 때가 있고, 건조한 날이 있으면 습할 때가 있다. 날씨에 따라 해야 할 일이 있고 하지 말아야 할 일이 있다. 이렇듯 내 마음의 날씨에 따라 반응도 제각각이어야 한다.

내 마음에 먹구름이 가득할 때는 긍정적인 마음을 먹는 것이 쉽지 않다. 최선을 다했다고 생각하는데도 반복되는 좌절

을 겪고 있으면 어둠 속에 갇힌 기분이 든다. 이때는 누군가의 조언도 마음에 닿지 않는다. 따사로운 햇살도 따갑게 느껴진다. 단박에 삶을 바꿀 방법을 찾아보지만 영화처럼 되는 일이 현실에는 흔하지 않다.

이럴 때는 조바심을 내지 않고 가만히 있을 필요가 있다. 먹구름이 지나가기를 가만히 기다리는 것이다. 먹구름이 걷히면 보이지 않은 것들이 보이기 마련이다. 미처 놓쳤던 것들도 자세히 볼 수 있다. 그때 시작해도 늦지 않다.

괴테의 삶도 우리처럼 부침이 있었다. 그의 삶에서 다양한 시련이 있었지만 아우구스트 대공의 죽음과 아들의 부재는 그에게 가장 견디기 힘든 시련이었다. 실러가 죽은 후의 삶도 괴로웠다. 괴테는 실러가 없는 삶을 "속이 텅 빈 상태"라고 표현했다. 일상의 업무도 "더 이상의 아무 관심 없이 옆으로 비켜 갔다"고 고백한다. 이때의 상태를 지인이었던 카를 프리드리히 첼터에게 보낸 편지에 이렇게 적었다.

"나는 내 자신을 상실해 가고 있다고 생각했고, 이제 한 친구를 잃고 그 친구와 함께 내 존재의 절반을 잃었습니다. 본래 나는 새로운 생활 방식을 시작할 계획이었지만, 내 나이에는 그럴 방법이 더 이상 없습니다."

괴테는 실러가 떠난 후 온천에서 요양을 했다. 쉬면서 지병이었던 신장 산통疝痛을 회복했다. 그렇게 충전을 한 후 다시 자기 삶으로 복귀한 것이다.

우리는 때로 좋지 않은 자기 모습을 부인할 때가 있다. 불행이 지속될 때도 자신의 삶이 아니라고 애써 외면하기도 한다. 하지만 좋은 모습이든 좋지 않은 모습이든 모두가 나다. 괴테가 《젊은 베르테르의 슬픔》에서 한 말을 보면 이해가 간다.

"자신의 마음을 찬찬히 들여다보면, 평소 자각하지 못했던 마음과 만나게 된다. 평소 마음이 밝고 건강했다면, 다른 마음은 미래에 대한 불안과 올바르지 못한 충동으로 소용돌이칠 수 있다. 그러나 그것 역시 자신의 일부다. 그러한 마음을 거짓없이 솔직하게 받아들인다면, 그것으로도 의미가 있다."

쇼펜하우어도 평정심을 유지하는 게 필요하다고 강조한다.

"생각의 서랍 중에서 한 개를 열 때는 다른 모든 것을 닫아 두어야 한다. 그래야 무겁게 짓누르는 하나의 걱정거리 때문에 현재의 사소한 즐거움을 위축시키지 않고 마음의 평정을 유지할 수 있으며, 하나의 생각이 다른 생각을 밀어내지 않고 하나의 중요한 일을 걱정하느라 사소한 일들을 소홀히 하지 않는다."

니체도 상태가 좋지 않을 때는 잠시 멈추라고 《즐거운 지식》을 통해 이야기한다.

"평소처럼 의연할 수 없다면, 그것은 우리가 지쳐 있다는 뜻이다. 삶에 지치면 우리는 한숨짓고 불평을 늘어놓으며 후회한다. 그러는 가운데 우울과 어두운 생각이 머릿속을 멋대로 휘젓고 다닌다. 이는 독을 마신 것과 다를 바 없기에, 피곤하다고 느낀다면 사고를 멈추고 휴식을 취하거나 잠을 자는 것이 최선이다. 그리고 다시 의연히 활동할 수 있도록 내일을 준비하라."

'선택'의 영어 단어 choice에는 'ice'가 포함되어 있다. 선택을 할 때는 얼음처럼 냉정한 판단이 필요하다는 의미이다. 조바심을 내면 냉정하게 상황을 직시할 수 없다. 자신의 능력도 마음껏 뽐내 낼 수 없다. 내 상황이 좋지 않을 때는 더욱 현실 파악이 힘들다. 그러니 좋지 않을 때는 잠시 멈추자. 잠시 멈춘 후 무엇 때문에 조바심을 내고 있는지 살펴보자. 좋지 않은 것으로부터 벗어나고 회복하자. 그러면 더 단단해진 자신을 만날 수 있을 테니. 방향이 올바르면 조금 늦게 출발해도 괜찮으니까.

전투가 끝나고 전술을 깨닫는 게
인생 이치다

"전투가 끝나고 나서야 비로소 전술을 깨닫는 게 인생의 이치다.
 청춘 시절도 인생 전반도 마찬가지다."

《시와 진실》

젊을 때는 젊음의 가치를 잘 느끼지 못한다. 황혼이 되었을 때 비로소 청춘이 얼마나 눈부시고 아름다운 것인지 깨닫는다. 건강할 때는 일상의 소중함을 느끼지 못하지만, 약을 먹고 병원을 들락거리게 되면 건강한 일상이 얼마나 소중한 것인지 알게 된다. 삶의 성취를 만들어 내는 과정도 똑같다. 그 상황 속에 빠져 있으면 무엇이 좋은 선택이고 나쁜 선택인지 알 수 없다. 시간이 흘러야 비로소 패착의 원인이 보인다. 이런 우리네 삶을 괴테는 에커만에게 이렇게 이야기해 준다.

"우리 인간은 살아가는 동안 잘못된 경향으로 고생을 하면서도 거기에서 벗어날 때까지는 그러한 경향을 깨닫지 못하니 애석한 일일세."

그럼 어떻게 하면 이러한 삶에서 벗어날 수 있을까. 그 해답은 쇼펜하우어의 이야기가 힌트가 될 수 있다.

"인생은 자수를 놓은 천으로 성찰할 수 있다. 삶의 전반기는 천의 앞면을 의미하고, 후반기는 뒷면을 드러낸다. 뒷면은 앞면처럼 아름답지 않지만 많은 것을 얻을 수 있다. 바늘이 어떻게 움직였는지를 알 수 있기 때문이다."

쇼펜하우어는 인생의 의미를 파악하려면 뒷면을 볼 수 있어야 한다고 말한다. 과정을 살필 수 있어야 최상의 선택을 할 수 있다는 것이다.

괴테는 평생 편지와 일기를 썼다. 생전에 쓴 편지는 2만여 통이라고 한다. 편지를 쓰면서 당시 상황과 마음을 상대와 소통했다. 사랑의 마음을 담아 한 땀 한 땀 눌러 쓴 편지는 상대에 마음에 날아가 꽃이 되었다. 때로는 시든 꽃이 되기도 했다. 실러와의 편지를 통해서는 《파우스트》의 진행 상황을 나누었고 앞으로의 집필 방향을 고민했다. 그 편지가 장롱 속에 잠자고 있던 원고에 생명을 불어넣었다.

일기도 쉬지 않고 썼다. 시시콜콜한 것부터 중요한 결단까지 일기에 풀어냈다. 이탈리아 기행 중에 누구와 어떤 식당에서 얼마치 음식을 먹고 무슨 대화를 했는지까지 기록할 정도였다. 프랑스 군인들이 괴테의 집에 몰려와 그를 위협할 때 동거 중인 크리스티아네가 개입해 목숨을 건졌다. 그 날의 일을 계기로 결혼을 결심한 것도 일기로 남겼다.

"나를 위해 그토록 많은 일을 했고 시련의 시간들을 나와 함께 견뎌낸 나의 작은 여자 친구를 완전히 그리고 시민적으로 나의 아내로 인정하려 한다."

괴테는 일기를 쓰면서 당시 상황을 이해하고 더 나은 선택을 하려고 힘썼다. 하루를 되돌아보는 것의 중요성을《유고》를 통해 이렇게 전한다.

"하루의 끝에 그날 겪었던 일을 마음속으로 정리하라. 좋았던 일에 그저 막연한 행복감을 느끼며 취해 있어서는 안 된다. 나빴던 일을 그저 부정하기만 한 것도 좋지 않다. 발생한 사건에 대한 의미와 가치를 한 가지씩 자기 나름대로 사색하며 정리하는 시간이 필요하다. 그렇게 하면 자신을 더욱 새롭게 가다듬어 새로운 날을 의미 있게 시작할 수 있다."

니체도 원인을 알려면 한 발짝 물러서서 보는 것이 중요하다고 《즐거운 지식》에서 이야기한다.

"모네가 그린 점묘화는 가까이서 보면 무엇을 표현한 것인지 알기 힘들다. 멀리 물러서서 감상해 보면 비로소 거기에 그려진 대상의 윤곽을 이해할 수 있다. 어떤 일의 소용돌이 속에 있는 사람도 마찬가지다. 가까이에서 보면 무엇이 어떻게 되어 있는지 이해할 수 없으나 그 일에서 멀리 떨어져서 보면 무엇이 문제인지 또렷이 보인다."

살다 보면 그때는 그만한 생각의 수준으로 선택하며 살았다는 것을 알게 된다. 당시 생각의 수준이 자기 삶을 만들어 가는 것이다. 이게 인생이다. 젊음의 때는 이해할 수 없던 것들이 나이가 들어서야 비로소 깨닫게 되는 것. 전투가 끝나고 나서 비로소 전술의 이치를 깨닫게 되는 것.

하지만 그보다 더 중요한 것은 전투가 끝나고 나서 느끼는 허무감이다. 인생의 끝자락에서 '고작 이것을 위해 내 모든 것을 바쳤다는 말인가'라고 허무해 한다면 이처럼 슬픈 일은 없다. 그러니 무조건 열심히 살 것이 아니라 수시로 삶을 되돌아보자. 삶의 과정을 복기하며 자기반성과 성찰을 해 보자. 아파도 피하지 말자. 더 예민하게 들여다보자. 키르케고르의 말처럼 인생은 오직 뒤를 돌아보아야만 이해가 되는 거니까.

언젠가는 목표에 닿겠지 하며
걷는 것으로는 충분치 않네

"언젠가는 목표에 도달할 것이라는 생각으로 걷는 것은 충분치 않네.
한 걸음 한 걸음이 목표 자체가 되어야 하며,
각 걸음이 그 자체로 가치를 지녀야 할 걸세."

《괴테와의 대화》

삶의 결과를 만들어 내는 일이 만만치 않다. 최선을 다했는데
도 만족할 만한 결과가 나오지 않으면 불안하다. 변화에 빠르
게 적응해야 살아남을 수 있는 시대다 보니 알아야 할 것이 많
고 도전해야 할 일도 자주 생긴다. 새로운 시작점에서 기억해
야 할 것은 언젠가는 목표에 닿겠지 하는 마음으로는 충분치
가 않다는 것이다. 막연한 기대는 막연한 결과가 아니라 아무

런 결과도 만들어 내지 못한다. 그래서 괴테는 한 걸음 한 걸음 이 목표 자체가 되어야 하고, 걸음 자체로서 가치를 지녀야 한다고 강조한다.

괴테의 작품들을 보면 막연한 기대로 시작한 것이 없다. 의문이 들거나 관심이 생긴 분야는 철저한 자료 조사와 검증, 그리고 자신이 스스로 체험하며 결과를 만들어 냈다. 그 과정을 원고로 적어 둔 것도 빠뜨리지 않았다. 바닥에서부터 글로 정리를 하며 정상으로 향한 것이다. 자기 인생을 걸고 실험을 했고 연구를 진행하며 자신이 인정할 수 있는 것들만 작품으로 내놓았다. 과정 속에서 수없이 원고를 다듬어 완성도 있는 내용을 세상에 선보였다. 괴테가 어떤 마음으로 하루를 시작했는지는 《유고》를 통해 알 수 있다.

"그날 일어날 일을 아침에 온전히 예측하고 자기 의지대로 행동할 수 있다면, 그 하루는 자신의 생각대로 이끌어 갈 수 있다. 그러면 그날만큼은 왕이 된 것이나 다름없다."

괴테는 시의 형식에 대해 질문을 받았을 때도 막연한 것을 경계한다.

"작업을 잘게 나누면 편해지며 대상의 특징도 다양한 각도에서 잘 표현할 수 있다. 커다란 전체를 한 번에 보려고 하면 반드시 귀찮은 일이 벌어진다. 또한 어차피 완벽하게 해낼 수도 없다."

두루뭉술해서는 안 된다. 뾰족해야 한다. 오늘 무엇을 할지 뾰족하게 목표를 세우고 그에 걸맞은 계획이 있어야 한다. 그리고 노력하면서 실천해 보는 것이다. 책임감 있는 자세는 기본이다. 자기 삶에 스스로가 책임지겠다는 마음으로 오늘을 살 때 한 걸음 한 걸음이 헛되지 않는다. 오늘 삶에 방황하더라도 노력하는 태도가 필요하다는 말이다. 《파우스트》에는 이런 삶의 자세를 친절하게 설명해 준다.

"오늘 이루어지지 않은 일은 내일도 못 할 것이니, 단 하루도 헛되이 보내서는 안 되느니라. 될 가능성이 있는 것이라면 대담하게 결심하고 즉시 그 기회를 잡아야 한다. 그렇게 하면 결심은 그것을 놓치지 않으려고 할 것이며, 그러지 않을 수 없어서 계속해서 일을 추진할 것이다."

니체도 삶의 보물을 멀리서 찾지 말라고 한다. 인생의 소중한 것은 가까이 있는 법이라며 오늘의 삶에서 가치를 찾아보라고 《즐거운 학문》을 통해 조언한다.

"그대가 서 있는 곳을 깊이 파고들어라. 샘은 바로 거기에 있다. 너무나도 많은 이들이 자신이 서 있는 곳이 아주 먼 곳, 다른 타국 땅에 있다고 생각하지만 결코 그렇지 않다. 지금까지 한 번도 시선을 두지 않았던 발아래에 그대가 추구하는 것,

그대에게 주어진 많은 보물들이 숨겨져 있다."

'언젠가는 목표에 닿겠지'라는 마음은 이루어지면 좋고, 안 이루어져도 어쩔 수 없다는 것과 같다. 이런 마음으로는 목표에 다다를 수 없다. 설령 이루어진다고 해도 힘이 없다. 오래 갈 수도 없다. 그러니 오늘의 삶에 간절함을 더하라. 지금 하고 있는 일에 승부를 걸어라. 저 멀리 보이는 곳이 꽃자리가 아니라 지금 내가 하고 있고 서 있는 곳이 꽃자리이다. 안개 같은 삶 속에서 뚜렷한 목표가 있다는 것은 길을 잃지 않고 나아갈 수 있는 불빛이 된다. 칠흑 같은 현실일지라도 불빛을 보는 사람은 어둠에 갇히지 않는다.

타인의 평가에 연연하지 않는
담대함이 필요하다

"타인의 평가를 기꺼이 받아들이는 것은 자신을 도구로 삼는 것일 수 있다.
사람들은 자신에게 도움이 되는 사람만을 평가하기 때문이다.
자신의 목표를 올곧게 이루기 위해서는 타인의 평가에 집착하지 않는
담담함이 필수적이다."
《격률과 반성》

우리는 평가를 받으며 살아갈 수밖에 없다. 평가를 통해 단계
에 올라서고 관문을 통과하고 자격을 부여받는다. 자그마한 카
페를 열려고 해도 수많은 관련 기준에 통과되어야 개업할 수
있다. 나의 열정만으로는 카페를 열 수 없다. 승진이나 연봉도
평가로 갈린다. 노력한 결과물에 대해서도 평가를 받을 수밖에
없다. 평가에 따라 자신의 뜻을 이룰 수도 이루지 못할 수가 있

는 것이다.

긍정적인 평가는 행복하다. 문제는 부정적인 평가다. 살다 보면 반드시 부정적인 평가를 받게 된다. 이때 내가 어떻게 반응하는지가 중요하다. 부정적인 평가가 자신을 성장시키는 계기가 되기도 하고 삶을 무너뜨리는 독약이 될 수도 있으니. 그래서 괴테는 자신의 뜻을 이루기 위해서는 타인의 평가에 연연하지 않는 담대함이 필요하다고 조언한다.

괴테는 남의 눈치를 보지 않았다. 자신이 하고 싶은 것에 반응하며 살았다. 어린 시절에는 '애늙은이 같다'는 평가를 자주 받았고, 젊은 시절에는 '인간미가 없다'는 이야기도 자주 들었다. 《젊은 베르테르의 슬픔》의 모티브가 된 샤를로테 부프의 약혼남인 요한 크리스티안 케스트너가 쓴 글을 보면 알 수 있다.

"그는 매우 격정적이며 자주 자신을 자주 억제합니다. 그의 사고방식은 고상하고 모든 선입견에서 벗어나려고 노력하며, 머릿속에 떠오르는 대로 행동합니다. 다른 사람이 그것을 좋아할지, 그것이 유행에 맞을지, 예절이 그것을 허용할지에 대해서는 신경 쓰지 않습니다. 그는 강제적인 것을 모두 혐오합니다."

괴테도 나쁜 평가를 받은 적이 있다. 하지만 부정적인 평가에 연연하지 않았다. 자신이 추구하는 예술과 작품에 대해 자부심을 갖고 오랫동안 연구하고 실험하며 체험했다. 그래서 인지 남에게 평가하거나 충고할 때도 조심스러웠다. 에커만에 게 들려준 이야기를 보면 젊은 시절보다 훨씬 성숙해진 자세를 취하고 있다는 것을 알 수 있다.

"충고란 묘한 것일세. 살아가면서 그야말로 사려 깊게 처리한 일이 실패로 돌아가거나 참으로 터무니없는 일이 성공을 거두는 경우가 흔히 있네. 그것을 잠시나마 생각해 봤다면 아마 누구에게든 선뜻 조언해 주고 싶은 생각을 들지 않게 될 걸세. 근본적으로 조언을 구하는 자도 문제가 있고, 조언을 해 주는 자도 주제넘은 짓을 하는 셈이네. 자기 스스로 도움을 줄 수 있는 것에 대해서만 조언을 해 줘야 하네. 누가 나에게 조언을 구해 오면 나는 아마 조언을 아끼지 않을 거네. 하지만 그 사람이 나의 조언에 따라 행동하지 않겠다고 약속할 때만 필요한 조언을 해 줄 생각이네."

우리 주변에 괴테처럼 충고해 주고 평가해 주는 사람이 있으면 좋으련만 현실은 그렇지 못하다. 때로는 가혹할 정도로 냉담한 평가가 뒤따를 때도 있다. 그래도 그런 평가에 흔들리면 안 된다. 그 평가로 내 존재가 훼손된 것은 아니기 때문이다. 평가는 내 존재에 대한 것이 아니라 결과물에 대한 것일 뿐이다. 그리고 그 평가는 상대의 관점일 뿐이다. 중요한 것은 평가에 대한 나의 태도다. 성장을 위해 받아들여야 할 것은 넓은 마음으로 수용해야 된다. 하지만 무시해도 될 평가는 깨끗하게 흘려보내야 한다. 흘려보내야 할 평가를 마음에 담아두면 내 삶이 황폐해질 수밖에 없다. 이 말의 의미는 쇼펜하우어의 아포리즘으로 도움을 받을 수 있다.

"진정한 자부심은 본인이 탁월한 능력과 특별한 가치를 가지고 있다는 확고한 신념을 갖고 있을 때에 온다. 이 신념은 때로는 잘못된 인식이나 우연히 생긴 것, 혹은 보통의 장점에 지나지 않을 수도 있다. 그럼에도 진심으로 믿는다면 그런 자부심은 상처받지 않는다."

살다보면 내가 아무리 잘해도 나를 싫어하는 사람이 있기 마련이다. 세상 모든 사람들이 나를 좋아할 수는 없다. 내가 내놓은 결과물도 마찬가지다. 그러니 모든 사람에게 인정받으려고 무리하게 애쓰지 마라. 남들의 평가에 일희일비하지 마라. 같은 비를 맞아도 어떤 땅은 잡초를, 어떤 땅은 꽃을 피우는 것처럼 같은 평가를 받아도 어떤 사람은 넘어지고, 어떤 사람은 성장을 이룬다. 평가보다 중요한 것은 그것을 대하는 나의 태도이다.

파종을 해야
수확할 수 있다

"무언가를 시작하는 것과 그것의 성과를 만드는 것은 완전히 다른 일이다.
두 가지를 비교하면 단연코 시작하는 것이 훨씬 쉽고 간단하다.
파종은 수확만큼 어렵지 않다. 핵심은 파종 이후의 과정,
즉 수확까지의 여정이다."

《친화력》

우리는 끊임없이 노력하며 살 수밖에 없다. 남들이 인정할 만한 결과를 만들어 내야 뜻하는 바를 이룰 수 있고, 먹고사는 문제도 해결된다. 자기 존재의 의미도 찾을 수 있다. 그런데 뜻하는 대로 결과를 만들어 내는 게 쉽지 않다. 나는 최선을 다했지만 좋은 평가를 받지 못할 때가 있고 선택받지 못할 때가 많다. 그러다보니 시도조차 하지 않은 사람들이 많아졌다. 어차피 안

될 것, 괜한 헛수고를 할 필요가 없다며 지레 포기한다.

아무것도 하지 않으면 아무것도 얻을 수 없다. 농부가 수확물에 대한 염려로 파종조차 않는다면 어떻게 될까. 아무것도 수확할 수 없다. 그래서 괴테는 시작하는 것과 성과를 만드는 것은 완전히 다르므로 파종부터 하라고 강조한다.

괴테는 마음에 동하는 것이 있으면 즉각 반응했다. 일단 저지르고 봤다. 그래서 시행착오도 많았지만 얻는 것이 더 많았다. 그렇게 다양한 시도를 하지 않았다면 위대한 작품은 탄생하지 않았을 것이다. 그의 작품은 그가 배우고 익히고 노력하며 방황한 것들의 산물이기 때문이다. 괴테는 자신이 걸어가야 할 길에 망설이고 있는 자에게 《파우스트》를 통해 일갈한다.

"가야 할지, 와야 할지 고민하는 사람은 결단을 내리지 못해요. 길이 훤히 보이는 한복판에서도 갈팡질팡하며 비틀거리죠. 길을 잃고 모든 것을 왜곡된 시선으로 바라보는 거예요. 자신과 타인에게 짐이 되어, 숨은 쉬지만 질식할 지경이 됩니다. 숨 막혀 죽지는 않지만 생기가 없고, 절망하지는 않지만 몰두할 수도 없어요. 이렇게 끊임없이 방황하며, 그만두기는 괴롭고 억지로 하자니 불쾌한 겁니다."

니체는 미리 짐작하고 체념해 버리는 사람들을 경멸했다. 두려움 때문에 엉거주춤한 이들도 나약한 존재로 여겼다. 니체는 자신의 몸을 불사르며 오늘을 살라고 《차라투스트라는 이렇게 말했다》를 통해 조언한다.

"모두가 자기 미래의 꿈을 꾸며 끊임없이 새로운 꿈을 더해 가는 적극적인 삶을 살아야 한다. 현재의 작은 성취에 안주하거나 작은 난관에 부딪힐 때마다 다음에 닥칠지도 모를 장애물을 걱정하며 미래를 향한 발걸음을 멈춰서는 안 된다."

《인간적인 너무나 인간적인》에서는 시작의 중요성을 재차 강조한다.

"모든 시작은 위험을 동반하지만, 무슨 일이든 시작하지 않으면 아무것도 이룰 수 없다."

우리의 삶에는 '하지 못한 것'이 있고 '하지 않은 것'이 있다. '하지 못한 것'은 내 의지와 상관없이 어찌할 수 없는 것이다. 하고 싶어도 기회조차 주어진 적이 없어 시도조차 할 수 없는 상황들이 있을 수 있다. 그러니 하지 못한 것에 대해서 미련을 두지 말자. 살다 보면 내 힘으로 어찌할 수 없는 것들은 무수히 많으니까. 그런 일들에 일일이 반응하면 초라한 자신을 마주할 수밖에 없다.

문제는 '하지 않은 것'이다. '하지 않은 것'은 내가 선택한 것이다. 나의 문제다. 위험해서, 두려워서, 게을러서, 오래 망설이다가 등등의 이유로 하지 않은 것이다. 이런 삶에 성과와 변화는 없다. 아니 퇴보만 있을 뿐이다. 빠르게 변화하는 시대에 아무 것도 하지 않으면 떠내려갈 수밖에 없으니 말이다.

해 보고 싶고, 가 보고 싶고, 이루고 싶은 것이 있는가. 그렇다면 먼저 시도하고, 시작하라. 마음과 생각만으로는 어떤 것도 성취할 수 없다. 계산기만 두드려서는 아무것도 이룰 수 없다. 일단 시작하면서 상황에 따라 계획을 다듬고 수정하며 나아가라. 인생이란 살아갈 삶을 스스로 스케치하고 물감을 칠하며 나아갈 때 즐거움과 만족이 있다. 결과는 그다음이다. 설령 결과가 없더라도 경험이라는 소중한 자산을 얻었다. 경험이 모이면 지혜가 되고, 그 지혜가 더 나은 삶으로 이끌어 간다. 더 나은 삶, 후회 없는 삶은 이렇게 살아갈 수 있다.

모든 힘을 종합하면
무엇인가를 이룰 수 있다

"인간이 지닌 여러 능력을 상호 보완하며 계발하는 것이 바람직하고
가장 훌륭한 일이라 여겨지네. 이는 분명 맞는 말이야.
하지만 인간은 그렇게 태어나지 않았으니, 각자가 개성적인 존재로서
자신을 연마해나가야 하네. 그러면서도 모든 힘을 종합하면 무엇인가를
이룰 수 있다는 생각에 도달하도록 노력해야만 하네."

《괴테와의 대화》

인공지능의 발달로 인간이 설 자리가 갈수록 줄어들고 있다.
단순반복 노동은 인공지능이 이미 그 자리를 차지했다. 얕은
지식으로 얻은 결과물은 수명이 길지 않다. 지식과 정보가 오
픈되고 실시간으로 누군가의 콘텐츠를 접하다 보니 쉽게 모방
이 가능해진 것이다. 내 것이 벤치마킹 되어 새로운 것으로 업
데이트 되어 세상에 나오는 것이 쉬워졌다. 이제는 쉽게 모방

할 수 없는 나만의 것을 만들어 내야 경쟁력이 있다. 독창적인 것, 전문성 있는 나의 것이 필요한 시대다.

괴테는 자기 안에 있는 여러 가지 능력을 상호 보완하며 계발해 나가야 한다고 에커만에게 조언한다. 하지만 쉽지 않단다. 인간은 태어날 때 모든 능력을 갖춘, 완벽한 형태로 태어나지 않았기 때문이란다. 그러면서 자신의 개성과 독특한 능력을 발견하고 발전시켜 나가야 한다고 말한다. 자기 안의 모든 힘을 협력과 상호보완을 통해 연마하고 노력한다면 더 큰 성취를 이룰 수 있다고 말이다. 괴테가 추구하는 삶의 방식을 에커만에게 명료하게 정리해 주는 대목이다.

괴테는 전 우주적인 천재라는 칭호를 받을 정도로 탁월했다. 그가 이런 칭호를 받을 수 있었던 것은 다양한 분야에 괄목한만한 성과를 거뒀기 때문이다. 식물학, 동물학, 해부학, 광물학, 기상학, 광학, 색채론까지. 누가 봐도 인정해 줄 정도의 결과물을 완성했다. 괴테가 이렇게 다양한 분야에서 탁월한 능력을 발휘할 수 있었던 것은 모든 힘을 종합해 노력한 결과다. 끝을 볼 때까지 매진한 것이다.

괴테는 은을 채취하는 폐광을 되살리는 직책을 맡은 적이 있다. 일반 공무원이라면 현황을 파악하고 적절한 조치를 취하며 업무를 보는 것이 관례다. 하지만 괴테는 그렇게 하지 않았다. 광석 하나하나에 관심을 가지고 그러모았다. 그가 모은 광석은 1만 8천 종에 달할 정도다. 지독할 정도로 파고 들며 결과를 만들어간 것이다. 폐광 업무가 본격적으로 지질학 연구를 하도록 이끈 것이다.

괴테의 특이점 중 하나는 자신이 연구한 것이나 관심 가는 분야는 꼭 글로 남겼다는 것이다. 시로 표현해 두고, 논문으로 정리하거나 책으로 펴냈다. 지질과 광물의 연구 결과는 1784년에 〈화강암 연구〉라는 논문으로 정리해 두었다. 결과물로 정리해두지 않는 것은 인정받을 수 없기에 괴테의 위대함은 더욱 빛이 난다.

우리는 괴테처럼 다양한 분야에서 두각을 나타낼 수 없다. 괴테는 다른 세계의 사람이다. 대신 괴테가 한 분야를 대하는 방식은 따라할 만하다. 그래야 의미 있는 산물을 창조할 수 있기 때문이다.

자신의 특성을 고려해 마음에 이끌리는 것, 하고 싶고, 할 수 있는 분야를 탐색해 보자. 10년의 법칙처럼 10년, 아니면 20년, 30년을 투자해 볼만한 것을 찾아보자. 그리고 노력해 보자. 쇼펜하우어 말로 그 의미를 이해하면 좋을 것 같다.

"우리는 주어진 자질을 최대한 활용해야 한다. 그러므로 자신의 자질에 맞는 목표를 추구하며, 자신에게 맞는 완벽함을 위해 노력하고, 더 나아가 자질의 발달에 맞는 지위와 직업, 그리고 삶의 방식을 선택해야 한다."

니체도 괴테처럼 한 분야를 깊이 파헤쳤다. 《차라투스트라는 이렇게 말했다》에서는 그 의미를 이렇게 밝혔다.

"나는 모든 글 중에 피로 쓴 글만을 사랑한다. 피로 써라. 그러면 피가 곧 정신임을 알게 될 것이다."

생명을 다하며 성찰한 글을 사랑한다는 말은 경이롭다. 니체도 몸으로 삶으로 사상을 완성시켰다. 《즐거운 학문》에서 전하는 이야기를 보면 알 수 있다.

"나는 손으로만 글을 쓰지 않는다. 발도 늘 글 쓰는 삶과 함께하길 바란다."

누구도 흉내 낼 수 없는 나만의 것은 포기하지 않는 자의 것이다. 나의 모든 힘을 종합해 노력하면 언젠가는 그 길에 도달할 수 있다. 두고두고 써먹을 수 있는 콘텐츠는 결과물이 나올 때까지 해내는 사람의 것이다. 괴테가 《파우스트》에서 전하는 메시지로 나는 무엇을 할 것인지 생각해 보자.

"이 세상의 모든 것은 처음부터 존재한 것이 아니다. 그것은 누군가의 행동의 결과로 그 자리에 있게 된 것이다."

마법의 망토 따위는
존재하지 않는다

"사람은 가끔 모든 것에서 벗어나고 싶은 충동을 느끼며,
자신을 먼 이국땅으로 데려다 줄 마법의 망토를 갖기를 원한다.
하지만 그런 마법의 망토는 세상 어디에도 존재하지 않는다."

《파우스트》

모든 것을 내려놓고 도망치고 싶을 때가 있다. 하는 일은 뜻대로 풀리지 않고, 최선을 다해 보지만 얼마큼 더 노력해야 성과를 올릴 수 있을지 답을 찾지 못하면 암담하다. 좋지 않은 상황이 지속될 것 같은 마음이 들면 걱정과 두려움이 엄습한다. 이렇게 되면 새날을 맞이하기조차 부담스럽다. 아니, 날이 밝지 않았으면 하는 마음이 든다. 그럼에도 야속하게 밝은 태양은

찬란하게 떠오른다.

내 힘으로 문제를 해결할 수 있는 기미가 보이지 않으면 우리는 마법의 망토 같은 것을 기대한다. 내 삶에 '짠!'하고 영웅이 나타나 도움을 주거나, 단박에 문제가 해결되기를 바라는 것이다. 하지만 괴테의 말처럼 세상 어디에도 마법의 망토 따위는 존재하지 않는다. 현실에서 알라딘의 요술램프는 없다.

괴테는 삶을 피하는 법이 없었다. 도망치지 않고 맞섰다. 괴테도 우리처럼 도망치고 싶은 순간들이 왜 없었겠는가. 아내인 크리스티아네가 사망할 때 기록을 보면 얼마나 큰 충격을 받았는지 알 수 있다.

"아내의 임박한 죽음과 그녀의 본성이 벌이는 마지막 끔찍한 투쟁. 정오 무렵 그녀는 숨을 거두었다. 나의 안팎으로 공허함과 죽음의 정적이 감돌았다."

괴테는 평생 연극과 오페라를 사랑했다. 직접 극본을 쓰고 연출도 겸했다. 궁정극장 감독으로 즐겁게 삶을 이어 갔다. 하지만 카를 아우구스트 대공의 총애를 받은 여배우의 음모로 감독직에서 물러나야 했다. 연극계에서 40년 넘게 일했지만 음모로 그 자리를 물러났을 때는 대공에 대한 언짢은 마음도 품었다. 그래도 삶을 피하지 않고 매일 규칙적인 일과를 보냈다. 괴테가 어떤 마음으로 삶을 살아 냈는지《생의 기쁨》의 내용으로 알 수 있다.

"온전히 석양의 아름다움을 느끼려면 열심히 일한 하루가 있어야 한다."

《파우스트》에도 용감히 삶에 맞서고 실천하며 살라고 조언한다.

"너의 소원을 이루고자 한다면, 저 찬란한 아침 해를 보아라! 너는 잠시 멈추었을 뿐이니, 잠은 단지 껍질에 불과하다. 벗어 던져라! 다른 이들이 주저하며 헤맬지라도, 그대는 망설이지 말고 용감하게 행동하라. 총명하고 재빠르게 실천에 옮기는 고귀한 자는 무엇이든 성취할 수 있나니."

쇼펜하우어는 삶의 본질에 대해 이렇게 말한다.

"역경이 닥치고 때로는 비참한 상황에 부딪히는 것은 삶의 본질이다. 각자가 자신의 생존을 위해 치열하게 싸워야 하기 때문에 언제나 온화한 표정을 지을 수는 없다."

또한 행복하게 살기 위해서는 인내하라고 말한다. 삶의 문제에 대해 극복하고 이겨 내라고 강조한다.

"모든 행복론은 '행복하게 사는 것'이란 '불행 없이 사는 것', 즉 인내할 수 있는 삶을 사는 것이라는 인식에서 출발해야 한다. 인간은 원래 즐거움을 추구하는 존재가 아니라, 역경을 극복하고 이겨 내야 하는 존재이다."

세상의 모든 것은 저마다의 자리가 있다. 그 자리에 있어야 안정감이 있고 존재 가치가 있다. 기차가 힘들다고 레일 위를 벗어나면 어떨까. 음식이 그릇 밖으로 튀어나오면 아무리 맛있는 요리라도 먹고 싶은 생각이 사라진다.

우리도 마찬가지다. 자신이 있어야 할 자리, 지켜야 할 자리가 있다. 도망쳐서 문제가 해결된다면 백번이라도 자리를 뛰쳐나가도 된다. 하지만 도망친다고 해서 문제가 사라지는 것은 아니다. 아니, 사라지지 않음을 우리는 다 안다.

그러니 마음을 지키자. 도망치려는 마음을 이기자. 마음에서 지면 다 지는 것이니까. 마음을 다 잡고 자신의 자리를 지켜내다보면 내 삶에 따사로운 햇살이 비출 날이 온다. 계절의 순환처럼 내 삶에도 봄날이 오기 마련이다. 행복이 깃들 날이 반드시 온다. 자신이 있어야 할 자리, 지켜야 할 자리에 있는 한.

5장

선한 인간은 어두운 충동 속에서도
올바른 길을 분명히 알고 있다

삶의 태도

선한 인간은 어두운 충동 속에서도
올바른 길을 분명히 알고 있다

"선한 인간은 어두운 충동 속에서도 올바른 길을 분명히 알고 있다."

《파우스트》

우리 삶은 유혹의 연속이다. 도처에 유혹이 도사리고 있다. 올바른 길을 걸어가려고 할 때는 더 많은 유혹의 손길이 다가온다. 정신을 바짝 차리지 않으면 나도 모르게 유혹에 넘어지고 만다. 괴테는 이런 우리의 삶을 간파하듯 《파우스트》를 통해 어두운 충동에 사로잡히지 않고 어떻게 승리할 수 있을지를 이야기한다.

《파우스트》 속의 악마 메피스토펠레스는 어두운 충동으로 파우스트를 넘어뜨리려고 한다. 메피스토펠레스의 이름의 뜻만 봐도 그가 어떻게 유혹을 하는지 알 수 있다. 메피스토펠레스는 히브리어 '파괴자'와 '거짓말쟁이'가 합쳐진 말이다. 거짓을 동원해 인간의 삶을 파괴하도록 설정된 인물인 것이다.

메피스토는 인간 내면의 특성을 간파해 상황과 시기에 따라 그에 걸맞은 유혹거리를 준비한다. 젊음, 지식욕, 쾌락, 근심으로 파우스트를 넘어뜨리려 한다. 하지만 신은 파우스트가 악마의 유혹을 이겨 낼 거라고 믿었다. 인간은 노력하는 한 방황하는 법이며, 선한 인간은 어두운 충동 속에서도 무엇이 올바른 길인지 잘 알고 있음을 알고 있었기 때문이다.

파우스트는 메피스토의 끊임없는 유혹에도 넘어지지 않는다. 수많은 방황과 오류가 있었지만 내면에 깃든 선善함이 드러난다. 그 선함은 자신을 넘어서는 것이었다. 자신이 개간한 땅이 사람들의 생활의 터전이 될 것을 마음의 눈으로 보고 행복해 한 것이다. 어두운 충동에서도 파우스트가 이겨 낼 수 있었던 비결은 결국 선善이었다. 내면에 선함이 있다면 우리는 수많은 유혹의 손길을 뿌리칠 수 있다는 것을 괴테는 알려 준다.

《파우스트》에 깃들어 있는 주제선율은 에커만과의 대화

에서도 찾아볼 수 있다.

"부정으로는 아무것도 이룰 수 없다네. 나쁜 것을 나쁘다고 말하는 것만으로는 아무런 이득이 없지. 심지어 좋은 것을 나쁘다고 말한다면 그건 더욱 나쁜 일이네. 올바른 영향을 미치고자 하는 사람은 결코 비방해서는 안 되네. 불합리한 일이 있어도 그것에 개의치 말고 항상 선을 행해야 하네. 중요한 것은 파괴가 아니라, 인류가 순수한 기쁨을 누릴 수 있는 무엇인가를 건설하는 것이네."

괴테가 말하는 선은 나를 뛰어넘는 가치를 의미한다. 우리 모두가 기쁨을 누릴 수 있는 그 무엇에 대한 동경이 필요하다는 것이다. 그런 선한 가치가 내면을 채우고 있다면 어두운 충동에서도 올바른 길을 걸어갈 수 있다고 말한다.

니체는 차라투스트라를 통해 자신의 사상을 이야기한다. 차라투스트라는 서른 살 때 산으로 들어가 수양을 하면서 '초인', '힘에의 의지', '영원 회귀' 사상을 완성한다. 그리고 그 사상을 사람들에게 알려 주기 위해 산에서 내려온다. 자기 내면에 축적된 것을 나눠주려고 한 것이다. 그 의미를 《차라투스트라는 이렇게 말했다》를 통해 이렇게 말한다.

"너무 많은 꿀을 모아 이제는 감당하기 힘들 지경이다. 그러니 그대들이여, 내 꿀을 전부 가져가라."

자신이 체득한 지혜를 모두 나누는 일은 말처럼 쉽지 않다. 자신만을 생각한다면 도저히 할 수 없는 선택이다. 내면의 선善함의 씨앗이 있어야 가능하다. 이런 니체의 삶의 태도는 《아침놀》을 통해서도 엿볼 수 있다.

"누군가에게 기쁨을 주면 자신도 기쁨으로 가득해진다. 아무리 작은 일이라도 다른 사람을 기쁘게 할 수 있다면 우리의 손과 가슴에 기쁨이 가득할 것이다."

오늘도 각종 문자와 전화가 우리를 유혹한다. 때로는 가까운 지인들이 유혹한다. 누구나 알만한 뻔한 미끼도 도처에 널려 있다. 그런데도 유혹에 넘어지는 사람들이 있다. 유혹의 미끼를 덥석 무는 경우는 대부분 자기 내면에 숨겨져 있는 욕망과 결합될 때이다. 욕망을 제어하지 못하면 유혹에서 벗어날 수 없다. 어두운 충동을 견디지 못하는 것은 결국 자기 내면에 그것에 반응할 만한 것들이 담겨 있어서이다.

유혹은 무조건 참아서는 해결되지 않는다. 견디는 힘이 약해지면 다시 유혹의 미끼를 물게 되어 있기 때문이다. 어두운 충동을 이길 수 있는 방법은 자기의 내면에 좋은 것을 담고 있을 때 가능하다. 내 안에 선善한 것이 가득할 때, 무엇이 올바른 길인지 명확하게 알고 있을 때 어떤 화려한 유혹에도 이겨낼 수 있다.

고통은 시간과
과단성 있는 활동이 치유제다

"불운이나 자신의 실수로 인해 겪게 되는 영혼의 고통은
분별력으로는 치유될 수 없어요. 이성으로도 거의 치유하기 어렵지요.
시간은 그 고통을 많이 덜어 줄 수 있지만, 과단성 있는 활동이야말로
모든 고통을 치유할 수 있지요. 사람은 누구나 스스로를 위해
이런 활동을 해야 합니다."

《빌헬름 마이스터의 편력시대》

인생은 설명할 수 없는 것들로 가득하다. 삶과 죽음이, 사건 사고가 그렇다. 특히 내 삶의 고난은 더욱 설명하기 힘들다. 무슨 이유로 내 삶이 고통스러운 지 명확한 답을 내놓기 어려운 것이다. 이럴 때 우리는 괴테의 조언에 귀를 기울일 필요가 있다. 삶의 고난은 시간이 약이고, 과단성 있는 활동이 좋은 치료제가 되어 준다는 것을.

괴테는 부유한 환경에서 태어났다. 하지만 가족들의 수난도 적지 않았다. 여섯 형제자매가 있었지만 성인으로 자란 사람은 여동생 코르넬리아뿐이었다. 괴테는 여동생을 끔찍하게 아꼈다. 하지만 그녀는 결혼 후 둘째 아이를 낳고 그 후유증으로 스물일곱의 젊은 나이에 세상을 떠나고 만다. 괴테는 결혼 후 아들 아우구스트를 낳았다. 그 후 5남매를 더 낳았지만 모두 죽고 말았다. 아우구스트는 술과 방탕에 빠져 살다가 로마 여행 중 40대의 나이로 사망하고 만다.

작품 활동을 할 때도 순탄치 않았다. 수십 년 동안 한 가지 주제로 결과물을 만들어 내는 일은 고통의 연속이다. 그렇다고 고통에 매몰되진 않았다. 고통을 줄이고 해결할 방법을 찾았다. 그 의미를 《젊은 베르테르의 슬픔》에 이렇게 전한다.

"친애하는 벗이여, 자네에게 약속하겠네. 마음을 고쳐먹겠다고 말이야. 지금까지 늘 하던 대로 운명이 우리에게 준 작은 불행을 부질없이 되씹는 습관을 이제는 그만두겠네. 현재를 있는 그대로 즐기겠네. 과거는 과거대로 흘러가게 두겠네. 확실히 자네 말이 옳았어. 친구여, 만일 인간이—왜 인간이 그렇게 만들어졌는지 모르지만—그처럼 풍부한 상상력으로 지나간 불행을 떠올리려 하지 않고 차라리 현재를 참고 견뎌나간다면 인간의 고통은 훨씬 줄었을 걸세."

괴테는 청년시절 자신이 쓴 시를 들고 전문가에게 찾아갔다. 그런데 칭찬은 없고 비판만 가득했다. 얼마나 상심이 컸는지 당시 써 놓은 작품들을 모두 불태워 버린다. 자신의 작품에 자부심이 가득했던 괴테는 자기 작품의 깊이를 알지 못하는 사람들을 비난하지 않았다. 그 일을 계기로 독일문학을 파고든다. 독일문학의 특징을 살핀 것이다. 그렇게 해서 조그마한 《독일문학사》라는 책을 써 버린다. 괴테가 삶의 고난을 극복해나가는 방식이었다. 깊이 파고들고 연구하며 문제를 해결하며 나간 것이다.

우리는 삶의 고난이 올 때 제일 먼저 그 이유를 찾는 경우가 많다. 지금 나에게 왜 이런 일이 일어났는지 이유를 찾아야 고통에서 벗어날 수 있다고 생각해서이다. 자신을 분석하고 뚜렷한 답이 보이지 않으면 외부로 시선을 돌린다. 그마저도 안 되면 이젠 하늘을 원망한다. 이유를 찾아야만 문제가 해결 될 것이라고 생각하기에 끊임없이 그 이유를 찾는다. 그런다고 해서 고난이 해결될 것도 아닌데 말이다. 오히려 아픔과 미움, 상처만 깊어질 수 있다.

고난을 마주할 힘이 없는 사람에게 그 이유를 찾는 것은 의미가 없다. 나 자신이 이겨 낼 힘이 없다는 것을 다른 이유를 통해 견뎌 내려고 하는 행동일 뿐이니까. 고난은 이유를 찾

5장
선한 인간은 어두운 충동 속에서도
올바른 길을 분명히 알고 있다

아서 극복할 수 있는 것이 아니다. 시간으로 이겨 내는 것이다. 그 시간을 어떤 마음과 자세로 견디는가에 달려 있다.

그러니 왜 나에게 이런 고난이 닥친 것이냐고 푸념하지 말자. 고난 없는 삶은 없으니까. 누구나 설명할 수 없는 고난 속에 살아간다. 중요한 것은 그 고난을 감당할 만한 힘이 자신에게 있다는 것을 인식하는 것이다. 감당할 힘이 있다는 것만 기억해도 고통에서 벗어날 수 있다.

또 한 가지는 과단성 있는 행동이다. 생각은 생각으로 해결되지 않는다. 고민도 마찬가지다. 오직 과단성 있는 행동만이 고난에 사로잡힌 나를 깨우고 벗어나게 한다. 그러니 힘을 내자. 오늘 고난에 지친 나를 위해 맛있는 음식을 선물해 주고, 운동도 해 보자. 흠뻑 땀을 흘리고 나면 훨씬 가벼워진 마음으로 내일을 맞이할 수 있을 테니. 《파우스트》의 이야기를 통해 무너지려는 마음을 단단히 붙잡도록 하자, 우리.

"여기서 나는 싸우고 싶다. 이겨 내고 싶다. 그리고 그것은 가능할 것이다! … 물결이 아무리 넘쳐도 언덕을 만나면 휘감기듯 돌아나가듯, 아무리 오만하게 날뛰어도 약간의 높이면 그것과 당당히 맞설 수 있고, 약간의 깊이면 그것을 힘차게 끌어올릴 수 있으니까."

진실한 말들은
영원히 모든 이에게 빛이 된다

"진실한 말들은 맑은 하늘 아래서 영원히 모든 이에게 빛을 비춘다!"

《파우스트》

말에는 힘이 있다. 말로 천 냥 빚을 갚을 수 있고 원수를 만들 수도 있다. 말로 전쟁을 일으킬 수도 멈출 수도 있다. 말은 창조도 하고 파괴도 할 수 있다. 말은 사람을 살리기도 하고 죽이기도 한다. 말은 비수가 되기도 하고 자양분이 되기도 한다. 무엇보다 말에는 생명이 깃들어 있다. 그래서 '말씨'라고 한다. 지금 내가 말로 뿌린 씨앗대로 생명을 탄생시키기도 하고 죽이기도 한다. 나의 말씨대로 내 삶이 흘러가는 것이다.

괴테는 말의 중요성을 작품 곳곳에서 강조한다. 《파우스트》에서는 진실한 말을 해야 어디서나 빛이 된다고 말한다. 그런데 우리는 진실의 말을 잘 믿지 않는다. 거짓된 말은 쉽게 속아 넘어가면서 진실한 말은 몇 번이고 확인하려 들고 받아들이지 않는다. 진실을 말해도 잘 믿어 주지 않으니 사람들은 말할 때마다 진실임을 강조하는 "사실은", "진짜로", "솔직히 말해서", "정말로"와 같은 추임새를 넣는다. 진실을 말하는 사람이 많아지면 굳이 추임새를 넣지 않아도 될 텐데 말이다.

괴테는 《괴테와의 대화》에서 에커만에게 침묵의 중요성도 강조한다.

"세상에 태어나 이름을 널리 알리거나 높은 지위에 오르는 것은 좋은 일이네. 하지만 내 정도의 명성과 지위를 갖추고도 남의 기분을 상하지 않게 하려면, 그 사람의 의견에 침묵을 지키는 수밖에 없었네."

자신을 효과적으로 표현해야 살아남는 시대다 보니 침묵이 어려워졌다. 할 말이 있는데 침묵하기란 쉬운 일이 아니다. 침묵하고 있으면 오히려 바보취급을 당할 때도 있다. 그럼에도 침묵은 힘이 있다. 괴테는 명성과 지위를 갖췄음에도 상대의 기분을 상하게 하지 않으려고 침묵했다. 괴테가 그렇게 생각한 이유는《빌헬름 마이스터의 편력시대》에서 찾아볼 수 있다.

"말을 입 밖으로 내뱉어 도움이 되는 경우는 드물며, 대부분은 모순과 정체, 답보를 초래할 뿐이다."

침묵하라는 말은 무조건 말을 하지 말라는 것이 아니다. 침묵보다 더 좋은 말이 있으면 그 말을 하라는 의미이다. 그렇지 않으면 침묵하는 것이 효과적이라는 것이다.

말년의 괴테 주변에는 사람들로 북적거렸다. 괴테를 만나 대화를 나누고 교류하려는 사람들이 넘쳐났다. 괴테를 만난 사람들은 이구동성으로 "탁월한 재능뿐만 아니라 따뜻한 마음의 소유자"라고 존경을 표했다. 괴테가 어떻게 말하며 교류했는지 알 수 있는 평가다.

쇼펜하우어도 괴테처럼 침묵의 중요성을 강조한다.

"자기애가 강한 사람은 아무리 훌륭한 말을 하더라도, 본인이 진정으로 바라는 타인으로부터 호평을 듣기 위해서는 수다보다는 침묵이 확실하고 간단한 것임을 깨달아야 한다."

나아가 적은 말로 큰 세계를 표현하라고 강조한다.

"적은 생각을 표현하기 위해 많은 말을 쓰는 것은 평범함의 증거이지만, 많은 생각을 적은 말로 함축할 수 있는 것은 뛰어난 지능의 증표이다."

섣부르게 알고 있는 사람들은 말이 장황하다. 하지만 핵심을 꿰뚫고 있는 사람들의 말은 간결하다. 이들은 깊이 있는 사상이나 사유를 소량의 언어로 전달하는 데 익숙하다. 말을 많이 한다고 중요한 것이 아니라는 것이다.

괴테의 말과 관련된 아포리즘 중에 《잠언과 성찰》에 수록된 글이 폐부에 와닿는다.

"일단 입으로 발설된 말은 되돌아 제 자신을 겨눈다."

입에서 나온 말은 말보다 더 빨리 더 멀리 간다. 그 말은 돌고 돌아 결국 자신에게로 돌아온다. 또한 자신이 내뱉은 말은 제일먼저 자신이 듣는다. 말의 씨앗이 제일먼저 자신의 마음 밭에 떨어져 뿌리를 내리고 자라 열매를 맺는다. 그러니 말을 조심해야 한다.

촌철살인의 말이 필요할 때가 있고 넌지시 건네야 할 때가 있다. 가슴에 꽂히는 말보다는 에둘러 말해 주는 것이 더 큰 깨달음과 감동을 줄 때가 있다. 그러니 살리는 말을 하자. 충고보다는 조언을, 지적보다는 공감을, 꾸중보다는 칭찬의 말을 해 주자. 무엇보다 진실한 마음에서 돋아난 따뜻한 말을 하자. 그 한마디로 누군가가 다시 희망을 붙들 수 있으니. 진실한 말은 영원한 무리들에게 어디서나 빛이 될 테니.

남의 결점을 지껄이는 일은
자신을 괴롭히는 일이다

"세상 사람들 그대의 결점을 잘도 지껄여대지만,
사실 그렇게 하느라 오히려 자신들을 더 괴롭힌다.
차라리 그대의 장점을 말해 주었다면 좋았을 텐데.
보다 나은 것을 택하는 사려 깊고 진실한 눈길을 보내며."
《서동시집》

치열한 경쟁의 시대에 자신을 돋보이게 하는 일이 쉽지 않다.
그러다 보니 경쟁하고 있는 상대를 깎아내리며 자신의 위상을
높이려는 사람들이 있다. 자신의 결점을 감추기 위해 상대를
이용하려는 의도도 숨겨져 있다. 때론 질투와 시기심 때문에
상대의 결점을 부각시키기도 한다. 그렇다고 해서 자신의 위상
이 올라가거나 마음에 위안이 있는 것도 아닌데 우리는 너무

쉽게 상대의 결점을 드러낸다. 이런 삶의 태도에 괴테는 단호하게 일갈한다. 남의 결점을 지껄이는 것은 그보다 몇 갑절 더 자신을 괴롭히는 것이라고.

괴테는 그의 시 〈예술-원형〉에서 "골수에 없는 것은, 표피에도 나타나지 않는다"고 했다. 내 안에 있는 것들은 어떻게든 겉으로 드러난다는 의미다. 상대의 결점을 지적하는 일에 익숙하다는 것은 내 안에 부정적인 생각과 감정이 점령하고 있다는 뜻이다. 파란색 안경을 쓰고 세상을 보면 온통 파란색으로 보이는 이치다. 자기 안의 생각과 마음의 색깔대로 상대가 보이는 것이다.

니체도 남을 책망하고 결점을 이야기 하는 사람을 《아침놀》을 통해 이야기한다.

"누군가를 책망하고 나쁘다고 강하게 주장하는 사람이 있다. 그러나 그들은 그런 고발을 통해 무심코 자신의 성격을 드러내는 경우가 많다. 제삼자가 보기에, 지나치게 거센 비난을 하는 사람이 오히려 더 나쁜 사람처럼 보일 정도로 비열한 성격을 드러낸다. 그래서 지나치게 남을 비난하는 사람일수록 주위 사람들로부터 미움을 받는다."

니체는 상대를 부정적으로 보는 사람들을 《선악을 넘어서》를 통해 경계한다. 그러면서 그런 사람들과는 관계도 하지 마라고 강하게 이야기한다.

"사람을 볼 때는 그 사람의 고귀함을 보도록 하라. 비열한 면이나 표면적인 것만 본다면, 그렇게 보는 사람 자신이 매우 좋지 않은 상태에 있다는 증거다. 이는 누군가의 저급한 면만을 보고, 어리석고 노력하지 않는 자신의 모습을 외면하며 자신은 저런 인간들보다 더 고귀하다고 생각하기 때문이다. 마찬가지로, 사람의 고귀함을 보려 하지 않는 사람과는 관계하지 마라. 그렇지 않으면 자신도 그와 똑같은 저급한 인간이 되어 버릴 것이다."

사람은 전염의 동물이라 가까이 하는 사람을 닮아 간다. 상대의 결점을 자주 이야기하는 사람과 가까이 하면 자신도 모르게 결점에 더 시선이 집중된다. 그러니 자신이 만나는 사람을 점검해야 한다. 지금 내가 만나는 사람의 성향이 지금의 나일 수 있기 때문이다. 꽃에는 나비와 벌이 날아들고 똥에는 똥파리가 들썩이기 마련이다. 내 주변에는 나비가 많은지 똥파리가 많은지 살펴라. 내가 꽃인지 아닌지 알 수 있는 좋은 방법이니까.

괴테는 이런 우리의 태도를 살펴 삶의 본질을 《잠언과 성찰》을 통해 이야기한다.

"속이 텅 빈 인간일수록 자만심이 강하고, 훌륭한 인간일

수록 겸허하다. 타락한 인간일수록 뻔뻔하고 부끄러움이 없고, 선한 사람일수록 조심스럽고 신중하다. 이렇게 모든 것이 균형을 이루는 법이다. 누구나 완전해지기를 바라거나, 자신이 완전하다고 생각하고 싶어 한다."

성숙한 사람들은 자신의 행동에 민감하게 반응한다. 자신의 행동이 다른 사람들에게 어떤 영향을 미치는지 신중히 고려한다. 이들은 자신의 입장이 아니라 상대의 입장을 살핀다. 그래서 자신의 행동과 선택을 경계하고 점검한다.

그러니 한 번 더 생각하고 말하자. 말을 의미하는 한자 '언言'의 뜻을 보면 이해가 간다. 두二 번 생각한 후 입口을 열 때 말言이 된다는 의미다. 또한 골수에 없는 것은 표피에 나타나지 않으니 나의 내면에 좋은 것을 담자. 상대의 고귀함을 볼 수 있도록 내 안에 고귀함을 형성하자. 보다 나은 것을 택하려는 사려 깊고 진실한 눈길로 무장하자. 그럴 때 결점이 아니라 장점이 보일 테니까.

제약받지 않는 활동은
결국 파멸로 이어진다

"어떤 종류든 제약받지 않는 활동은 결국 파멸로 이어진다."

《빌헬름 마이스터의 편력시대》

인간은 누구의 간섭도 받지 않고 자기 마음대로 살기를 원한다. 앉고, 눕고, 잠자는 것에서부터 먹고 싶은 것까지 마음대로 하기를 원한다. 자신의 욕망과 쾌락조차 제약받지 않기를 바란다. 하지만 제약받지 않는 활동은 그것이 어떤 것이든 결국 파멸로 이어진다고 괴테는 말한다. 무분별한 자유는 자아파괴와 혼란을 초래할 수밖에 없다는 것이다. 괴테는 이 문장을 통해 인간의 행동은 어떤 형태의 제약이나 규제에 의해 조절되어야 한다고 봤다. 제약이 인간을 안정시키고 올바른 방향으로 이끌어 주기 때문이다.

이런 괴테의 삶의 철학이 잘 드러나는 대목이 《빌헬름 마이스터의 수업시대》에 있다.

"만약 내가 젊었을 적부터 나 자신의 욕구를 그토록 강력히 거역하지 않았더라면, 그리고 내 분별력을 갈고 닦아 넓고 보편적인 것으로 나아가려고 노력하지 않았더라면, 나는 정말 옹졸하기 짝이 없는 아주 꼴불견인 인간이 되었을 거야."

괴테는 빌헬름의 삶을 통해 분별력과 자제력의 중요성을 강조한다. 쾌락이나 욕구를 통제하지 않고 행동한다면 어떤 비참한 결과를 초래할지에 대해 경고하고 있는 것이다. 인간에게는 적절한 제약이 필요하다는 의미이다.

"우리는 장점을 키우는 동시에 단점을 키우고 있다는 것을 나이가 든 후 깨닫는다. 장점은 그 자체를 토대로 함과 동시에 단점에게도 뿌리내리고 있다. 둘 다 꿋꿋하게 이리저리 가지와 잎을 넓히지만 장점은 밝은 빛 안에서 그것을 행하고, 단점은 몰래 행한다."

괴테는 자서전 《시와 진실》에서 좋은 것은 밝은 빛 안에서, 좋지 않은 것은 몰래 행한다고 이야기한다. 인간 스스로가 아는 것이다. 무엇이 자기를 파멸로 이끄는 것인지를. 그래서 적절한 제약이 필요한 것이다. 제약은 상대를 옭아매는 것이 아니라 더 나은 삶을 살아갈 수 있는 안전벨트와 같다.

쇼펜하우어도 삶에서 제약이 필요하다고 말한다.

"행복으로 가는 길은 모든 것을 제한하는 데 있다. 인간의 행복은 시야, 활동, 세상과의 접점 등이 제한될수록 커진다. 그 범위가 넓으면 당혹스럽거나 불안해지기 쉽다. 근심과 욕망, 공포가 그만큼 증가하고 확대되기 때문이다."

쇼펜하우어는 인간은 선택의 가능성이 클수록 오히려 불안정하고 불행해지는 경향이 있다고 말한다. 자신의 욕망과 활동을 제한하고 간소화할 때 행복해질 수 있다는 것이다. 니체도 삶에서 적절한 제약, 규칙이 필요하다고《방랑자와 그 그림자》에서 말한다.

"질서를 만들고, 나쁜 일을 방지하며, 위험을 줄이고 효율을 높이기 위해 규칙이나 법률이 만들어진다. 그리고 그 후에는 규칙이 존재함으로써 새로운 상황이 형성된다."

어린 시절에는 제약으로도 통제가 가능하다. 하지만 어른이 되면 제약이 쉽지 않다. 어른 중에서 제약을 순순히 수용하는 사람이 얼마나 될까. 많지 않다. 자기 삶을 스스로가 통제할 수 있다고 생각해서다. 어떤 사람은 제약 조건을 대면, 간섭하

5장
선한 인간은 어두운 충동 속에서도
올바른 길을 분명히 알고 있다

고 조정하려 든다며 목소리를 높인다. 그래서 어른들은 제약만으로는 파멸을 막을 수 없다.

그러니 스스로가 점검해야 한다. 내가 추구하는 것이 어떤 결과를 낳을지를. 나와 가족에게 어떤 영향을 줄지를 말이다. 그 의미는 니체의 아포리즘으로 살필 수 있다. 니체는《권력에의 의지》에서 자신이 추구하는 기쁨의 결과에 대해 생각할 수 있어야 한다고 말한다.

"우리의 기쁨이 다른 이들에게 힘이 되고 있는가. 우리의 기쁨이 타인의 원망과 슬픔을 더 키우거나 모욕을 안겨주고 있지는 않은가. 우리는 정말 기뻐해야 할 것을 기뻐하고 있는가. 혹시 타인의 불행과 재앙을 기뻐하고 있는 것은 아닌가. 복수심과 경멸, 차별의 마음을 만족시키는 기쁨은 아닌가."

성숙한 어른은 자신의 행위에 책임지는 사람이다. 제약이 없어도 스스로를 통제한다. 귀찮을지라도 제약을 기쁘게 받아들이고 절제한다. 몰래 행하지도 않는다. 밝은 빛 안에서 오늘을 산다. 제약은 인생을 아름답고 안정감 있게 살아가도록 이끄는 삶의 브레이크와 같다.

태양은 질 때도 언제나
변함없는 모습이도다

"태양은 질 때도 언제나 변함없는 모습이도다."

《괴테와의 대화》

우리는 어떤 사람에게 편안함을 느낄까. 어떤 태도가 의미 있는 삶의 결과를 만들어 낼 수 있을까. 단연 한결같은 태도를 유지하는 사람일 것이다. 어제도 오늘도 내일도 한결같은 사람이 관계와 삶에서 의미 있는 결과를 만들어 낼 수 있다. 다르게 표현하면 예측 가능한 삶이다. 나의 삶이 다른 이들에게 예측 가능하다는 건 상대에게 불안을 주지 않고 있다는 뜻이다. 오늘

5장
선한 인간은 어두운 충동 속에서도
올바른 길을 분명히 알고 있다

의 태도로 미래를 엿볼 수 있는 삶이다. 이런 삶의 태도는 어떤 어려움이 닥쳐도 믿음과 안정을 유지한다. 태양이 지고 난 후에도 한결 같은 모습을 유지하는 것처럼 말이다.

한결 같은 삶의 태도를 유지하는 일은 만만치 않다. 《파우스트》의 내용으로 이해해 보자.

"나는 아침마다 두려운 마음으로 깨어난다. 쓰디쓴 눈물을 흘리며 울고 싶어지는 것은, 하루가 지나도록 한 가지 소망도 이루지 못했기 때문이며, 모든 쾌락의 예감조차 집요한 비판으로 줄어들고, 가슴속에 약동하는 창조의 열정도 수많은 세상 일로 방해받기 때문이다."

괴테는 파우스트의 삶을 통해 매일 어려움과 불안을 직면하고 있다고 말한다. 목표를 달성하지 못한 것에 대해 실망하고 좌절감을 느끼기도 한다. 그러다 보니 자신을 비난하고 자책하며 괴로워한다. 삶의 고난과 역경에 대한 심리적인 고뇌를 엿볼 수 있다. 우리의 삶과 다를 바 없는 모습이다. 삶의 근심과 걱정은 마를 날이 없고, 이루고 해내야 할 삶의 목표들은 지리멸렬할 때가 많다. 굳은 마음으로 도전이라도 해 볼 요량이면 걸림돌은 왜 그리도 많은지. 이런 삶이 지속되면 우리는 상황에 매몰되어 무너질 때가 많다. 한결같은 모습을 유지하지 못하는 것이다.

니체도 《파우스트》 내용처럼 상황보다는 자신의 생각이나 감정에 치우치고 있다고 《아침놀》을 통해 이야기한다.

"대부분의 사람은 사물이나 상황 자체를 보지 않는다. 그들은 사로잡힌 자신의 생각, 집착, 고집, 상황에 대한 감정이나 머릿속에 떠오른 상상을 본다. 결국, 자신을 통해 사물이나 상황 자체를 감추고 있는 셈이다."

니체는 어떤 상황이 발생하면 사람들은 사물이나 상황의 본질과 실재에 집중하지 않는다고 말한다. 대신 자신의 선입견, 편견, 욕망, 두려움의 영향을 받아 왜곡하거나 잘못 이해한단다. 제멋대로 상상하고 해석하면서 더 힘겨운 상태로 들어간다고 말한다. 그래서 사물이나 상황을 객관적으로 이해하고 받아들이는 것이 중요하다고 강조한다. 삶의 고뇌에 대한 본질적인 요소가 무엇인지 살필 수 있어야 한다는 것이다.

우리가 살면서 집중해야 할 것은 꽃이 아니라 열매다. 우리는 열매 맺는 삶에 초점을 맞춰야 한다. 내 삶의 무게를 감당하면서 저마다의 열매를 맺어야 한다. 그 열매로 나와 가족이, 이웃이 삶을 영위하는 것이다. 그래서 오늘 내 인생의 꽃이 진다고 해서 괴로워할 필요가 없다. 꽃이 진다는 것은 열매 맺는 삶으로 전환이 이루어진다는 의미이기 때문이다. 꽃이 져야 열매를 맺는 삶을 시작할 수 있다.

오늘 삶의 열매가 없다고 괴로워할 필요도 없다. 봄에 맺는 열매가 있고 가을에 맺는 열매가 있는 법이니까. 꽃이 지면 언젠가는 열매가 맺히는 법이니까. 그러니 오늘 내 삶에 새싹이 돋든지, 꽃이 피든지, 꽃이 떨어지든지 일희일비하지 말고 한결같은 모습을 유지하자. 그러면 언젠가는 나만의 열매가 맺힐 테니까.

나이가 들면
관대해지시오

"나이가 들면, 관대해지시오. 내가 보는 모든 과오는
나 역시 저지른 적이 있는 것들일 테니."

《잠언과 성찰》

자신이 지금까지 걸어온 삶의 발자취를 돌아보면 어떤 흔적이
보일까. 삶의 목표를 향해 곧장 걸어왔던 모습일까, 아니면 흐
트러지고 비틀거리는 흔적일까. 돌아보면 누구나 비틀거리며
지금까지 왔다. 때로는 헤맸고, 때로는 곁길로 갔고, 때로는 주
저앉기도 했다. 그럼에도 여기까지 잘 견디고 이겨냈다. 그렇
다면 세월의 나이테가 쌓일수록 관대해질 필요가 있다. 자신도

한 때는 실수하고 흐트러진 길을 걸어왔으니까. 그래서 괴테는 나이가 들면 관대해지라고 말한다.

괴테의 삶도 흐트러지고 비틀거렸다. 유년시절에는 '인간미 없는 냉정한 아이'였으며, 청년시절에는 좌충우돌하며 살았다. 법률에서 문학으로, 사랑하고 헤어지고, 연구하고 글을 쓰며 목표를 향해 나아갔다. 수년을 연구하며 책을 쓰지만 다시 고쳐 쓰는 일도 허다했다. 《파우스트》와 《시와 진실》은 죽음의 목전에서야 완성할 수 있었다.

하지만 괴테는 나이가 들어갈수록 인간다운 면모가 드러났다. 그런 괴테를 보고 나폴레옹은 "여기 인간다운 인간이 있다"고 평했다. 전장에서 읽었던 《젊은 베르테르의 슬픔》을 쓴 작가를 만나서 느낀 소회가 인간다운 인간이었다.

괴테의 말년에는 사람들로 북적였다. 자신의 집을 세상에 개방했다. 그의 인간다운 면모에 반해 각지에서 사람들이 찾아왔다. 그들과 교제하면서 자신이 모르는 분야는 어린아이처럼 호기심을 가지며 배웠고 자신이 알고 깨우친 지식은 관대한 마음으로 전했다.

쇼펜하우어도 너그러운 마음을 강조한다.

"행복과 가장 직접적으로 관계가 있는 자질은 선량한 마음에서 비롯되는 너그러움이다. 이 훌륭한 자산은 그 자체로 보답이기 때문이다."

니체는 《인간적인 너무나 인간적인》에서 관대해져야 하는 이유를 이렇게 말한다.

"항상 민감하고 날카로울 필요는 없다. 특히 사람과의 교제에서는 상대의 행동이나 사고의 동기를 이미 파악했더라도 모르는 척하는 일종의 거짓 둔감이 필요하다. 말을 가능한 한 호의적으로 해석하고, 상대를 소중한 사람처럼 대하되 결코 일방적으로 배려하는 것처럼 보이지 않아야 한다. 마치 상대보다 둔한 감각을 가진 듯이 행동하라. 이것이 사교의 요령이며, 사람에 대한 위로이기도 하다."

설탕과 같은 삶이 있고 소금과 같은 삶이 있다. 젊은 시절의 삶은 설탕과 비슷하다. 자기 맛을 내려고 하기 때문이다. 자신이 원하는 것을 성취하려면 자기의 맛이 드러나야 한다. 강하면 강할수록 돋보일 수 있다. 그래서 자신을 앞세우고 어떻게든 경쟁에서 이기려고 한다.

하지만 나이가 들어가면 소금과 같은 삶을 산다. 아니, 소금과 같은 삶을 살아야 한다. 소금은 자기 맛이 아니라 남의 맛을 내 주기 때문이다. 자신이 녹아서 다른 재료가 맛이 나도록 해 준다. 관대해지는 것이고 져 주는 것이다. 이길 수 있지만 상대를 배려하고 존중하는 것이다. 상대가 성장하도록 길을 터

주는 것이다. 자신이 손해를 보는 것이다. 자신의 삶으로 누군가가 일어서고 성장하고 돋보이도록 도와주는 삶이다.

우리는 모두 꽃이 되길 원한다. 세상의 이목을 집중시킬 만한 화려한 꽃이 되고 싶어 한다. 하지만 꽃보다 더 소중한 게 있다. 꽃이 아름다움을 뽐낼 수 있도록 배경이 되어 주는 것들이다. 이름 모를 수많은 들풀들은 꽃의 배경이 되어 준다. 그래서 꽃이 아름답게 보이는 것이다. 거름도 빼 놓을 수 없다. 썩어지고 녹아져 거름이 되어 준 것들 때문에 꽃이 아름다운 것이다. 거름이 없다면 꽃은 아름다워질 수 없다. 관대해진다는 것은 배경이 되어 주는 것이고 거름이 되어 주는 것이다. 자신의 삶으로 누군가가 빛날 수 있도록 희생하는 것이다. 그 삶은 결국 돌고 돌아 자신에게로, 자녀에게로 후손에게로 흘러간다.

삶이 고통스럽고 힘들지만 그래도 희망이 있는 건, 기꺼이 소금과 같은 삶, 배경 되어 주고 거름이 되어 준 사람들 때문이다. 나는 지금 어떤 삶을 살고 있는가?

시각은 가장
고귀한 감각이다

"시각視覺은 가장 고귀한 감각이다.

다른 네 가지 감각은 접촉을 통해서만 우리를 자극한다.

듣고, 맛보고, 냄새 맡고, 만지는 것은 모두 접촉을 통해 이루어지지만,

시각은 물질을 넘어 승화되며 정신의 능력에 접근한다."

《빌헬름 마이스터의 편력시대》

사람은 보는 것에 따라 생각이 만들어진다. 눈을 통해 수용되는 것에 따라 정신과 마음이 형성된다. 무엇을 보고 있느냐가 곧 그 사람의 정신이고 생각이다. 또한 사람은 자신이 추구하고 갈망하는 것을 보게 되어 있다. 원하고 있는 것에 시선이 저절로 가게 되어 있다. 거의 자동이다. 제어하고 싶어도 잘 안된다. 시각은 자신이 조절하려고 해도 조절되지 않는 경향이

있다. 내면과 외면의 영향을 모두 받기 때문이다.

괴테는 시각이 가장 고귀하다고 말한다. 시각은 듣고, 맛보고, 냄새 맡고, 만지는 것을 뛰어 넘는다. 네 가지는 모두 접촉을 해야만 이해하고 경험할 수 있지만 시각은 그렇지 않다. 보는 것만으로도 더 높은 차원의 철학적, 정신적인 이해와 깊은 경험으로 이끌 수 있다. 그래서 보는 것을 조심해야 한다.

사랑도 보는 것으로부터 시작된다. 괴테는 스물한 살에 프리데리케 브리온을 보고 첫눈에 반한다. 그때 심경을 "그녀가 문을 열고 들어왔다. 정원을 덮은 밤하늘에 세상에서 가장 사랑스런 별이 나타났다"고 적었다. 괴테는 첫눈에 반한 여성들에게 사랑의 편지를 쓰고 청혼을 한다. 때로는 거절당하고, 약혼까지 갔다가 파경을 맞이할 때도 있었다.

보는 것은 사고에도 영향을 끼친다. 현대는 사고의 왜곡과 편향이 심하다. 자신이 보고 싶은 것만 봐서 그렇다. 알고리즘 영향으로 한 번 클릭한 영상은 꼬리에 꼬리를 물고 이어진다. 시선을 다른 곳으로 돌리지 못하게 만들어 버린다. 그러다 보니 균형 잡힌 사고를 하지 못한다. 갈등의 골이 좁혀지지 않는 것은 보는 것이 달라지지 않아서이다.

사람을 볼 때도 다르지 않다. 보는 시선에 따라 사람은 다르게 보이기 마련이다. 니체는 《선악을 넘어서》에서 사람을 어떻게 봐야 할지를 말하고 있다.

"사람을 볼 때는 그 사람의 고귀함을 보도록 하라. 비열한 면이나 표면적인 것만 본다면, 그 자체로 보는 이가 매우 좋지 않은 상태에 있다는 증거다. 이는 누군가의 저급한 면만을 보면서, 어리석고 노력하지 않는 자신의 모습을 외면하고 자신을 더 고귀하다고 생각하려 하기 때문이다."

시각視覺이 중요한 이유는 관점을 만들어 내기 때문이다. 자주 보는 것에 따라 그 사람의 관점이 만들어진다. 인간의 위대함과 연약함을 가르는 기준 중에서 관점의 영향은 매우 크다. 어떤 관점으로 세상과 사람, 일과 노력을 보느냐에 따라 실망과 만족이 결정되기 때문이다. 부정적인 관점으로 보면 부정이, 긍정적인 관점으로 보면 긍정이 보인다. 모든 것을 부정적으로 보는 사람은 세상 모든 것이 부정적이다. 긍정적인 시각과 자세를 가진 사람은 작은 풀꽃에서도 아름다움을 발견하고 의미를 찾는다.

자꾸 반복해서 보는 것이 지금의 나이다. 인간은 자신이 갈망하는 것을 찾고 주목하고 자주 보게 되어 있다. 그래서 지금 자주 보고 있는 것을 점검해야 한다. 보지 말아야 할 것을 보는 데서 비극은 시작될 수 있으니 말이다.

그리고 꼭 봐야 할 것들은 찾아서 보자. 아니, 보려고 하

자. 보려고 해야 보이지 않는 것까지 볼 수 있으니까. 내 삶에 감사할 것들, 내가 사랑해야 할 것들, 내일의 행복을 위해 오늘 해야 할 것들을.

옳은 것이 무엇인지 알려면
철저히 살아야만 한다

"옳은 것이 무엇인지 알기 위해서는 철저히 살아야 한다.
횡설수설하는 것은 얕은 노력으로밖에 보이지 않는다."

《서동시집》

삶의 지혜가 홍수처럼 쏟아지는 시대다. 예전에는 발품을 팔고 수고를 들여야 얻을 수 있는 인생의 지혜를 이젠 몇 번의 클릭만으로도 만날 수 있다. 부자가 되는 길, 자기계발을 할 수 있는 노하우, 말을 잘 하는 비결, 운동을 효과적으로 하는 방법까지 조금의 관심만 있어도 다양한 콘텐츠를 쉽게 접할 수 있다. 그런데 쏟아지는 지혜와 노하우를 자신의 것으로 만든 사람들은 많지 않다. 머리로만 이해해서 그렇다. 괴테는 이론이나 말이 아니라 실제적인 경험을 통해 더 많은 것을 배울 수 있다고 말한다. 그것도 철저하게 행동하고 노력해야 한다고 강조한다.

괴테는 옳은 길을 걷는 것이 쉽지 않다고 말한다. 그 의미는 《친화력》의 아포리즘으로 이해할 수 있다.

"우리는 결점에 대한 꾸중과 처벌을 받아들이며, 결점 때문에 많은 것을 참고 견딘다. 그러나 그 결점을 없애야 할 때가 되면 그만 인내의 한계에 이르게 된다."

우리는 자신의 결점 때문에 꾸중을 듣고, 처벌을 받기도 한다. 결점 때문에 고통을 겪은 일도 많다. 그 결점을 없애려고 노력해 보지만 쉽지 않다. 인내심의 한계에 다다를 정도로 노력해 보지만 결점을 없애는 것이 만만치 않다는 것을 안다. 괴테는 이런 우리 삶의 태도를 간파하며 시를 통해 해결책을 제시한다.

"인간이 삶에서 취할 수 있는 최선의 방법은 성실이다. 자신의 삶을 속이지 않고 성심을 다해야 한다. 짧은 시간이라도 상관없다. 성실은 행동하는 시간이 문제가 아니라, 잠시 동안이라도 진심을 다하는 것이다."

괴테는 《서동시집》을 통해 성실이 삶을 살아가는 데 가장 중요하고 효과적인 방법이라고 강조한다. 괴테가 말한 성실은 자신의 삶을 속이지 않고 진심으로 행동하는 것을 의미한다. 자신의 가치와 신념에 충실한 것을 말한다. 또한 시간의 문제가 아니라 방식의 문제라고 이야기한다. 방식조차 올바라야 한다고 강조한다. 철저히 사는 것이다. 괴테 스스로가 평생을 철저하게 살았기에 다양한 작품에서 반복적으로 올바른 삶의 태도에 대해 이야기하고 있다.

쇼펜하우어도 반복된 실수를 저지르지 않도록 철저히 살아갈 것을 주문한다.

"명백한 잘못을 저지르면 이를 돌이키려 하거나 변명하거나, 큰 잘못이 아니었다고 믿기 쉽다. 그러나 잘못을 바로 인정하고 그 중대함을 똑바로 마주하여 두 번 다시 같은 실수를 저지르지 않도록 결심해야 한다."

니체도 《방랑자와 그 그림자》를 통해 행동하는 것의 중요성을 말한다.

"일은 머리로 세운 계획대로 진행되지 않는다. 현실의 '무엇'이 먼 길을 가장 짧은 길로 만들어준다. 그것이 무엇인지는 미리 알 수 없으며, 현실에 발을 내딛었을 때 비로소 알게 된다."

'가르침은 들려주는 것이 아니라 등으로 보여 주는 것이다'라는 말이 있다. 옳은 길, 옳은 태도, 옳은 삶은 말과 머리로 형성되지 않고 삶으로 보여 주고 증명해야 한다는 의미이다. 그러니 말만 앞선 사람이 되지 말자. 머리만으로 이해하지도 말자. 삶으로 보여 주고 증명하자. 내 삶이 나의 메시지가 되도록.

절망이란 자신의 어리석음이
만들어 내는 것이다

"깊은 절망에 빠진 상황일지라도 해결책은 반드시 존재한다.
현명한 자는 이를 간파하지만, 어리석은 자는 깨닫지 못할 뿐이다.
결국 절망이란 자신의 어리석음이 만들어 내는 것에 불과하다."
《유고》

삶은 해석이다. 해석의 차이에 따라 삶이 달라진다. 해석이 중요한 이유는 삶이 우리의 뜻대로 펼쳐지지 않기 때문이다. 예기치 않은 상황들은 끊임없이 우리를 괴롭힌다. 야심차게 계획을 세우고 도전한 일마저 번번이 실패할 때가 있다. 이해되지 않는 삶의 문제들은 깊은 절망으로 끌고 간다. 이럴 때 우리는 삶을 긍정적으로 해석할 수 있어야 한다. 그러면 절망 속에서도 빛을 볼 수 있기 때문이다.

괴테는 우리 삶을 《예술과 고전》을 통해 이렇게 보았다.

"사람은 시간이 지난 후에 인생의 한 장면으로 인정하고 싶지 않은, 가능하다면 지워 버리고 싶은 불행한 과거가 있기 마련이다."

누구나 불행한 시기가 있다. 인정하고 싶지 않은 과거가 있다. 한 가지 이상의 결핍도 가지고 있다. 일, 사랑, 관계, 자녀, 건강, 돈, 환경, 외모뿐만 아니라 저마다 부족한 부분이 있기 마련이다. 이런 삶의 문제는 해석에 따라 성장과 성숙으로 거듭날 수도 절망의 세계로 가둘 수도 있다.

어떤 사람은 불행과 결핍으로 삶을 더 단단하게 하고 겸손함을 배운다. 다른 사람을 이해하고 상처를 보듬어 줄 수 있는 깊은 사람이 된다. 부족하기에 더 노력하고 열심을 다 한다. 부족해서 더 화합하고 애틋하고 애절해진다.

반면에 해석이 잘못 되면 부족과 결핍이 누군가를 힘들게 하는 가시가 되고 만다. 이런 사람은 어딜 가도 가시로 찌르고 문제를 끌어당긴다. 관계를 깨뜨리고 독화살을 날린다. 이것은 그 사람의 됨됨이의 문제이기도 하지만 해석의 차이 때문이기도 하다. 해석만 달리해도 오늘의 삶이 달라질 수 있다.

쇼펜하우어는 지난 불행을 되돌아보지 말 것을 권한다.

"이미 불행이 닥쳐 버려 이제 와서 어찌할 수 없는 경우에는, 이런 일이 일어나지 않았으면 좋았을 것이라거나 이렇게 하면 피할 수 있었을 것이라는 식으로 괴로워하는 것은 좋지 않다. 그런 생각에 빠져 있으면 마음만 더 아파져 참을 수 없게 된다."

불행을 곱씹어서 해결되면 얼마나 좋겠는가. 그런 일은 일어나지 않는다. 오히려 자기 삶만 비참해진다. 그러나 바라보는 태도를 점검하고 긍정적으로 해석하도록 노력하면 다른 삶을 펼쳐갈 수 있다. 이건 노력의 문제다. 천성이 아니라, 얼마든지 노력하면 좋은 쪽으로 해석할 수 있다.

니체는 과거를 대하는 태도를 이렇게 전한다.

"후회는 어리석음에 또 다른 어리석음을 더하는 것이다."

돌이킬 수 없는 지난 삶에 후회를 선택하지 마라고 조언한다. 후회한다고 변한 것 없으니 말이다. 역시 해석의 문제다. 니체는《농담, 음모 그리고 복수》에서 해석이 중요성을 이렇게 말한다.

"모든 일은 다양한 방식으로 해석될 수 있다. 처음부터 좋은 일이나 나쁜 일로 정해져 있는 것은 아니다. 좋고 나쁨, 도움이 되고 해가 됨, 훌륭함과 추악함 등 어떤 평가도 결국에는 해석하는 본인에게 달려 있다."

니체는 해석하는 순간부터 해석 속에 자신을 밀어넣어야 하며 때로는 자신을 옭아매게 할 수도 있다고 말한다. 그래서 인생을 해석한다는 것은 딜레마라고 이야기 한다. 인생을 해석하는 일은 쉽지 않다. 하지만 우리는 해석을 할 수밖에 없고 해석하며 인생을 살아갈 수밖에 없다. 그렇다면 부정이 아닌 긍정을, 멈춤이 아닌 성장을, 미움이 아닌 사랑으로 해석하자. 나를 살리고 남도 살리는 쪽으로 해석하자.

내 삶의 무지개는 비와 햇빛이 있을 때 피어난다. 고난이라는 비와 올바른 해석이라는 햇빛이 만나야 무지개 같은 삶을 살아갈 수 있는 것이다.

6장

아름다움이란 어느 곳에서나
환영받는 손님이다

사랑 그리고 행복

사람은 사랑으로 살아간다

> "사람은 사랑으로 살아간다. 지식이 깊어지고 완전해져야 하듯이,
> 사랑과 열정도 더욱 활기차고 생동감 있게 넘쳐야 한다."
> 《타소》

이 세상에서 가장 위대한 단어는 무엇일까. 단연코 '사랑'이다. 사랑보다 크고 위대한 말은 없다. 사랑에 대한 부연 설명은 괴테의 글귀를 보면 의미가 없어진다. 1799년 5월 23일 슈타인 부인에게 보낸 편지에 수록된 글로 그 의미를 밝혀 보자.

우리는 어떻게 태어나는가

사랑으로

우리는 어떻게 쇠락하는가

사랑의 부재로

우리는 어떻게 자신을 극복하는가

사랑의 힘으로

우리는 어떻게 오랜 세월 눈물 없이 지낼 수 있는가

사랑 덕분에

우리를 끊임없이 이어 주는 것은 무엇인가

그건 바로 사랑

괴테는 사랑의 사람이었다. 평생 사랑하며 살았다. 지식을 사랑했고, 바이마르를 사랑했고, 관계를 맺어가는 사람들을 사랑했다. 한 분야를 탐험하는 것을 사랑했고, 가족을 사랑했다. 그래서인지 사람은 사랑으로 살아간다고 강조한다. "지식이 더욱 깊어지고 완전해져야 하듯 사랑과 정열도 더욱 힘찬 생기로 넘쳐나야 한다"는 말은 괴테의 삶을 대변한다.

괴테하면 사랑을 빼놓을 수 없다. 괴테는 평생 이성을 향한 사랑을 멈추지 않았다. 불멸의 작가의 신호탄이 된 《젊은 베르테르의 슬픔》도 이성에 대한 사랑 이야기였다. 이루어질 수 없는 사랑이었지만 괴테는 그 사랑을 잊지 못해 작품으로 승화시켰다. 그 후로도 많은 여인을 만나 사랑을 불태웠다. 어떤 사랑은 불행의 씨앗이 되기도 했고, 어떤 사랑은 자신을 더욱 성장시키는 사랑이 되기도 했다. 때론 무분별한 사랑꾼처럼 보일지도 모르지만 긍정적인 평가를 할 수밖에 없는 것은 그가 사랑을 할 때는 꼭 그때의 감정과 상황을 글로 남겼기 때문이다. 작품으로 승화시키는 그의 글솜씨 덕분에 괴테의 사랑 이야기가 회자되고 있는 것이다. 괴테를 만난 여인들 중에는 그의 사랑을 잊지 못하고 평생 독신으로 살다가 세상을 떠난 이들이 있다. 괴테의 진심 어린 사랑을 알았기에 평생을 간직했던 것 같다.

사랑은 사람을 성장시킨다. 사람을 움직이게 하는 것은 외적조건이 아니라 사랑이다. 괴테는 그 의미를 《헤르만과 도로테아》에서 간결하게 가름한다.

"젊은 남자를 훌륭한 신사로 만드는 것은 사랑이다. 오직 사랑만이 그것을 가능하게 한다."

혈기왕성하고 어디로 튈지 모르는 젊은이를 훌륭한 신사로 성장시킬 수 있는 비결은 오직 사랑뿐이라고 말이다. 나와 관계를 맺고 있는 사람들을 훌륭하게 성장시키는 방법도 사랑이다. 조건 없는 사랑, 진실한 사랑, 오래 참아 주는 사랑이 사람을 성장시키고 변화시킨다.

삶이 고통스럽다. 그래도 견디고 다시 일어설 수 있는 것은 사랑 때문이다. 현재 내 삶의 결과와 성취의 정도가 아니라 나의 존재 자체를 사랑해 주는 사람이 있기에 견디고 버티고 힘을 내는 것이다. 나를 사랑해 주는 사람, 내가 사랑해야 할 대상이 있기에 우리는 오늘을 이겨 낼 수 있다. 나를 희생하는 것이다. 생명조차 아끼지 않는 것도 사랑 때문이다. 우리는 사랑의 힘으로 오늘을 살아가고 내일을 맞이한다. 사랑이 있기에 빛나는 태양도 반짝이는 별빛도 작은 들꽃도 아름다운 것이다.

가슴에서 우러나오는 공손함은
사랑과 유사하다

"가슴에서 우러나오는 공손함이 있다. 그것은 사랑과 비슷하다.
사랑으로부터 자연스럽게 외적 행동의 공손함이 나온다."

《친화력》

사랑에 대해 착각하는 사람들이 많다. 사랑을 소유의 개념으로 생각하거나 자신이 사랑한 대상이나 존재를 함부로 대해도 된다고 여기는 것은 사랑이 아니다. 사랑은 존중이다. 아끼고 귀중히 여기는 마음이다. 사랑하는 사람에 대한 배려, 이해, 그리고 그들을 위한 선의로 가득 차 있는 마음이다. 괴테는 이런 사랑의 마음을 공손함으로 이야기한다. 공손함은 누군가에 대

한 진심 어린 존중과 배려를 나타내는데 사랑이 그렇다는 것
이다.

그런데 괴테의 청춘시절의 사랑은 공손함과는 거리가 멀
었다. 열일곱 살 때 첫사랑이었던 안나 카타리나와의 사랑은
상처로 얼룩졌다. 그녀를 믿지 못한 자신을 참지 못하고 연락
도 없이 그녀의 곁을 떠났다가 다시 집착하는 모습을 보인다.
그로 인해 심한 사랑의 열병을 앓는다.

스물한 살에는 프리데리케 브리온을 보고 첫눈에 반해 열
정적인 사랑을 나누다 또 아무 말도 없이 그녀의 곁을 떠나버
린다. 그 후 그녀가 자신 때문에 얼마나 큰 상처를 받았는지를
알고 괴로워한다. 《시와 진실》에서는 "내가 불행을 자초했다"
고 고백한다. 그녀는 괴테와의 사랑을 잊지 못해 평생 독신으
로 살다가 삶을 마감한다. 괴테가 프리데리케에게 이별을 고할
시점에 쓴 시 〈들장미〉는 당시 괴테가 어떤 마음으로 사랑했는
지를 알 수 있다.

한 소년이
들판에서 장미를 발견했네.
너무도 싱그럽고 아름다워
가까이 보기 위해 재빨리 달려가

기쁨에 취해 그 장미를 바라보았네.

장미, 붉은 장미,

들판에 핀 장미.

소년이 말했네. 너를 꺾을 거야.

들판에 핀 장미꽃!

장미가 대답했네.

너를 찌를 거야, 영원히 잊지 못하게.

나는 꺾이고 싶지 않아.

장미, 붉은 장미,

들판에 핀 장미.

짓궂은 소년은 결국 장미를 꺾었네.

들판에 핀 장미를.

장미는 자신을 방어하며 찔렀지만

간절한 애원과 탄식도

모두 헛된 것이었네.

장미, 붉은 장미,

들판에 핀 장미.

6장
아름다움이란 어느 곳에서나
환영받는 손님이다

〈들장미〉는 반성의 시다. 교훈을 얻기 위해 쓴 시다. 다시는 실수를 반복하지 않겠다는 다짐의 시로 볼 수 있다.

괴테의 사랑은 성숙하지 못했다. 자기중심적이었다. 공손함과는 거리가 멀었다. 그런데 60세에 완성한 소설《친화력》에서는 사랑을 공손함이라고 말한다.《친화력》은 인간관계를 다룬 소설인데 그 안에 이런 내용이 담겨 있다.

"스스로를 통제하지 않고 그저 되는 대로 안이하게 살아가다 보면 결국 파멸과 타락을 불러오게 된다."

괴테는 알았다. 공손함이 없는 관계는 파괴와 타락을 초래할 뿐이라고. 그래서인지 세월이 흐른 후에는 일방적인 사랑이 아니라 상대를 배려하고 존중하는 사랑으로 변했다.

자기 방식으로 사랑하는 것은 사랑이 아니다. 자신의 욕구를 채우는 미성숙한 태도다. 이런 사랑은 파괴와 타락을 초래할 뿐이다. 사랑은 나와 대상이 함께 성장하는 행위여야 한다. 나의 사랑으로 상대가 성장했다면 바람직한 사랑이다. 물론 나도 성장해야 한다. 일방적인 희생이 아닌 서로가 공존하고 성장하는 사랑이 진짜 사랑이니까. 횃불처럼 뜨겁게 불타오르다 꺼지고 마는 것이 아니라 장작불처럼 은은하게 오래토록 변하지 않는 사랑이 좋은 사랑이다.

서로, 공손하자. 사랑하는 대상과 존재를 공손하게 대하

자. 약속을 지키고 책임지는 성숙한 사랑을 하자. 오래 참아 주고 성내지 말자. 가슴에서 우러나는 공손함이 곧 사랑이니까.

그리워하는 마음이
모든 것을 삼켜 버리고 만다

"나는 많은 것을 가지고 있지만, 그녀를 그리워하는 마음이
 모든 것을 삼켜버리고 만다. 나는 이렇게도 많은 것을 지니고 있어도,
 그녀가 없으면 모든 것은 무無로 돌아가 버리고 만다."

《젊은 베르테르의 슬픔》

사람은 추억으로 살아간다. 사랑하는 사람들과의 추억을 되새
김질하며 삶의 여정을 이어 간다. 과거를 생각하는 단어는 '추
억'과 '기억', 두 가지인데 추구하는 의미는 사뭇 다르다. '추억'
에는 '그리움'이 담겨 있지만 '기억'에는 '그리움'이 없다. 추억
속에는 사랑한 대상에 대한 그리움(보고 싶어 애타는 마음)이 담
겨 있다. 아버지에 대한 추억, 엄마에 대한 추억, 고향에 대한

추억, 음식에 대한 추억, 친구에 대한 추억, 사랑한 사람에 대한 추억 속에는 그리움이 있다. 그래서 그리움이 사무치면 아무것도 할 수 없다. 그리워하는 마음이 모든 것을 삼켜 버리기 때문이다.

괴테는 사랑의 사람이었다. 평생 사랑하고 사랑했다. 그는 사랑할 때마다 시를 썼고 편지를 썼다. 그리움의 깊이만큼 애절하게 글을 썼다. 예순여섯 살에 쓴 편지에는 시를 곁들여 은행잎 두 장까지 붙여서 보냈다. 첫사랑의 사춘기 소년처럼 은행잎을 붙여서 보낸 시가 인상적이다. 시의 제목은 〈은행나무 잎〉이다.

동방에서 건너와 내 정원에 뿌리내린

이 나뭇잎에는

비밀스러운 의미가 담겨 있어

그 뜻을 아는 이에게 기쁨을 준다오.

둘로 나뉜 이 잎은

본래 하나였던가?

아니면 두 존재가 어우러져

우리가 하나로 보는 걸까?

이 의문을 풀며

마침내 참뜻을 깨달았으니

그대 내 노래에서 느끼지 못하는가.

내가 하나이면서도 둘인 것을.

은행나무 잎에서 '서로 어우러진 두 존재'의 의미를 발견하고 사랑의 편지를 쓰지만 이 사랑 또한 이루어질 수 없었다. 그 편지를 받은 마리안네 빌레머는 괴테의 사랑을 간직했다. 그녀는 괴테와 하이델베르크 여행 중 성안의 낡은 담벼락에 당시의 마음을 이렇게 적었다.

'진정으로 사랑하고 사랑받았던 나는 이곳에서 행복했노라.'

《서동시집》은 마리안네 빌레머와의 사랑 속에서 태어났다. 그만큼 그녀에 대한 그리움이 깊었던 것일 게다.

그리움은 기다림이다. 사랑의 크기가 클수록 기다려 주는 시간도 길다. 오래 기다리는 사람이 더 많이 사랑하는 것이다. 그래서 부모는 자식을 한없이 기다려 준다. 죽도록 사랑한다는 것은 삶이 다할 때까지 기다릴 수 있다는 의미다. 나를 기다리고 있는 사람이 있다는 것은 나를 사랑한 사람이 있다는 증거다. 그 사랑이 오늘을 살아갈 충분한 이유가 된다. 그 사랑을 발견한 사람은 소중한 추억 하나를 손에 넣는 것이다.

"소중한 것을 얻는 것은 큰 기쁨이지만, 그 소중한 것을 오래도록 간직하는 것은 더 큰 기쁨이다."

《파우스트》에서 전하는 '소중한 것'을 '추억'으로 해석한다면 어떨까. 추억을 손에 넣는 일은 기쁘다. 그러나 오래도록 간직할 추억이 있는 사람은 더 큰 기쁨으로 오늘을 살아갈 수 있다. 그래서 사람은 추억으로 살아간다고 이야기하는 것이다.

삶이 힘들지라도 그리움을 포기하지 말자. 혼자 우두커니 있지 말고 그리워하는 사람과 함께 밥 한 끼라도 먹어 보자. 어제와 다를 바 없는 일상일지라도 그리워하는 사람과 목소리를 나누자. 그리워하는 사람에게 마음을 담은 손 편지도 써보자. 오솔길이라도 손잡고 걸어 보고, 활짝 핀 꽃잎 떨어지기 전에 사진 한 장이라도 남겨 보자. 이런 시간들이 쌓일 때 추억도 쌓일 테니까. 추억이 쌓인 만큼 내일을 살아갈 힘도 쌓일 테니까.

책 중에 가장 이상한 책은
사랑의 책이다

"책 중에 가장 이상한 책은 사랑에 관한 책이다.
그 책 꼼꼼히 읽어 보면 기쁨은 몇 쪽 되지 않고,
책 전체가 고통으로 가득하다. 이별 장면이 한 부部를 차지하고,
재회는—짤막하게 한 장章 뿐이다. 그마저도 단편적이다.
번민은 끝없이 이어져, 설명이 한도 끝도 없다."

《서동시집》

사랑은 동전의 양면과 비슷하다. 사랑하게 되면 그 뒷면에는
고통이 있고, 고통이 앞면이면 뒷면에는 사랑이 자리하고 있
다. 사랑에는 고통이 따르고, 고통은 또 사랑으로 극복한다. 이
렇게 사랑과 고통은 늘 함께 온다.

소설이나 영화 속에서 사랑이 이루어지는 과정은 시련과
고통의 연속이다. 사랑을 이루기 위해 고통 당하는 주인공을

보면 마음이 아프고 슬프다. 그런데 고통 속의 이야기는 길고도 길지만 행복한 모습을 보여 주는 것은 너무도 짧다. 사랑 책에 기쁨은 몇 쪽 안 되고 책 전체가 고통인 것처럼 말이다. 괴테가 살던 시대나 지금이나 사랑 이야기의 패턴이 비슷하다는 것이 놀랍다.

사랑은 참 모순적이다. 기쁨을 누리기 위해 사랑하는데 기쁨의 시간보다는 고통의 시간이 더 기니 말이다. 행복과 기쁨은 순간이고 고통과 번민의 시간은 훨씬 길다. 그럼에도 우리는 사랑을 원한다. 사랑하고 싶어 한다. 고난의 깊이는 '행복하게 살았다'는 단 한 줄의 말을 이길 수 없기 때문이다. 행복의 크기가 고난의 크기를 압도하기에 우리는 사랑을 선택한다. 사랑한다는 것만으로도 가장 위대한 보상이 되는 것이다. 그 의미는 《서동시집》을 통해 이해해 보자.

사랑한다는 것은 진정으로 큰 수확이다!
그보다 더 아름다운 가치를 누가 찾을 수 있으랴?
그대 권세 얻지 못하고 부자가 되지 못하더라도
가장 위대한 영웅들과 어깨를 나란히 하리라.

비극으로 막을 내린 《젊은 베르테르의 슬픔》에서도 사랑의 찬미는 계속된다.

"사랑이 없다면, 이 세상이 우리 마음에 무엇을 의미할까? 그것은 마치 불빛 없는 마술 환등幻燈처럼 무의미하지 않을까! 불을 그 속에 넣어야만 다채로운 영상이 흰 벽에 비치는 것! 비록 그것이 순간적인 환상이나 일시적인 그림자에 불과하더라도, 우리가 씩씩한 아이들처럼 그 환등 앞에서 이상한 그림자에 황홀해한다면, 그것 역시 우리에게 행복을 안겨 주지 않을까!"

괴테는 사랑이 없다면 우리 삶이 빛과 따뜻함이 없는 어두운 세계와 같을 것이라고 비유한다. 젊은 시절에 쓴 소설이지만 사랑에 대한 통찰이 놀라울 정도다. 니체도《아침놀》에서 사랑을 해야 한다고 강조한다.

"사람을 사랑하는 것을 잊어버린다. 그러면 결국 자신 안에도 사랑할 가치가 있다는 사실을 잊고, 자신마저 사랑하지 않게 된다. 그렇게 되면 더 이상 인간다움조차 잃고 만다."

니체는 사랑이 인간의 본성과 존엄성을 인정하는 것뿐만 아니라 자신을 사랑하는 데도 중요한 역할을 한다고 봤다. 그래서 사랑하지 않는 삶은 자아를 잃고 행복과 만족도 얻지 못할 것이라고 경고한다.

많은 사람이 결혼을 포기하고 아이도 낳지 않는다. 사랑조차 하지 않는 사람도 있다. 여러 가지 이유가 있겠지만, 그 중 행복의 크기보다 고통의 크기가 클 것이라고 여기는 것도 한몫할 것이다. 하지만 단언컨대, 행복의 크기가 고통의 크기보다 훨씬 크고 깊다. 산모가 아이를 낳는 고통을 극복하고 다시 아이를 갖는 것은 아이를 만난 기쁨이 더 크기 때문이다. 숱한 시간 고통을 견디고 희생할 수 있는 것은 사랑의 기쁨이 더 크기 때문이다. 기쁨과 행복을 누리는 것이 더 크기에 우리는 사랑을 선택한다.

인간은 사랑 없이 살 수 없다. 단 한 사람의 진실한 사랑에 변화될 수 있는 존재가 인간이다. 그 사랑의 기쁨과 행복을 죽을 때까지 가슴에 품고 살아간다. 그 사랑으로 우리는 고통을 견디고 버틸 수 있다. 그러니, 사랑하자.

인간이 도달할 수 있는 최고의 경지는
경탄하는 것이라네

"인간이 도달할 수 있는 최고의 경지는 경탄하는 것이라네."

《괴테와의 대화》

삶의 성장은 경탄에서 비롯된다. '몹시 놀라며 감탄'할 때 관계도 사랑도 지식도 발전하고 확장된다. 우리는 모르는 것을 알았을 때, 아름다운 것을 보게 될 때 놀란다. 새로운 것을 만났을 때도 깜짝 놀란다. 감탄은 놀라움을 뛰어넘는다. 놀라움을 넘어설 때 우리는 "아!" 하고 감탄사를 연발한다. 경이로운 것을 만났을 때, 경외심이 들 때, 깨달음을 얻었을 때 감탄한다.

놀라움이 순간을 사로잡는 얕음이라면, 경탄은 인생을 바꾸는 깊이를 의미한다.

어린아이들이 잘하는 것 중 하나가 경탄이다. 아주 사소한 것에도 신기한 표정을 지으며 놀라워하고 감탄한다. 아이들은 놀라움에 그치지 않는다. 더 깊이 알고 싶어서 자꾸 만지려 하고 먹어 보려고 하고 물어본다. 무엇이든지 "내가"를 외치며 자신이 경험해 보려고 한다. 경탄의 횟수만큼 아이들은 성장하고 변화를 거듭한다.

괴테가 80대까지 삶이 역동적이었던 요인은 '경탄'하는 능력에 있다. 괴테는 사람과 사랑, 지식과 사물, 자연과 세상에 대해 경탄을 멈추지 않았다. '괴테의 삶'은 '경탄의 연속'이었다. 행복의 추구도 놀라움으로 이루어 갔다. 《파우스트》를 통해 그 의미를 이렇게 말한다.

"나는 경직된 상태에서 행복을 찾지 않겠다. 놀라움은 인간의 감정 중 최고의 것이니까. 세계가 우리에게 그런 감정을 쉽게 주지 않더라도, 그 감정에 사로잡혀 보아야 진정으로 위대한 것을 깊이 느끼리라."

쇼펜하우어도 당연한 것을 당연하게 여기지 말 것을 권한다.

"철학을 하기 위해서는 두 가지 기본적인 필요조건이 있다. 첫째, 어떤 의문도 가슴에 품은 채 방치하지 않는 용기를 갖는 것. 둘째, 자명한 이치로 여겨지는 것이라도 의식적으로 드러내어 문제로 받아들이는 것이다."

철학은 궁금한 것을 알기 위해 "이게 뭐야?"라고 질문하는 것이다. 질문하려면 용기가 필요하다. 당연한 것을 당연하게 여기지 않는 태도도 필요하다. 이렇게 모르는 것의 근원을 파헤치기 위해 질문하고 탐구하는 과정에서 놀라움, 경탄이 나온다. 깨달음을 얻는 것이다.

니체는《방랑자와 그 그림자》를 통해 배울 의지를 강조한다.

"배우고 지식을 쌓으며 그것을 교양과 지혜로 넓혀 가는 사람은 지루함을 느끼지 않는다. 모든 것이 이전보다 더욱 흥미로워지기 때문이다. 같은 것을 보고 들어도, 그는 평범한 것에서 교훈이나 단서를 쉽게 찾아내어 사고의 틈새를 메울 그 무언가를 발견한다."

배우려는 의지가 있을 때 새로운 지평을 열어 갈 수 있다. 지루함을 느끼지 않고 놀라움을 지속할 수 있다. 흥미로운 삶도 살아갈 수 있다.

그런데 우리는 나이가 들수록 잘 경탄하지 않는다. 아니, 놀라움조차 없는 경우가 많다. 익숙한 삶이 지속되면 놀라워할

거리가 없다. 습관적인 삶은 모든 것이 당연하게 보인다. 관심이 없는 것에도 놀라워할 수 없다. 삶이 지치고 힘들면 경탄하기가 더 힘들다.

경탄이 없다는 것은 새로운 것을 만나지 못했다는 것이고 깨달음을 얻지 못했다는 의미다. 사랑하지 않고 있다는 증거며 행복을 느끼지 못하고 있다는 것이다. 삶에 성장과 변화가 일어나지 않았다는 의미다. 영혼이 메말라 가고 있다는 증거일 수 있다. 이런 삶에 사랑이 스며들 수 없고 행복도 깃들기 어렵다.

그러니 가만히 있지 말자. 더 나은 삶, 행복한 삶을 갈망하자. 당연한 것을 당연히 여기지 말자. 한 번도 눈길을 주지 않았던 것들에 관심을 가져 보자. 눈길을 주지 않았던 것을 바라보고 배우고 질문을 던질 때 경탄할 수 있을 테니까. 그 놀라움이 삶을 풍요롭게 할 테니까.

사람이란 자신의 처지에
만족하는 법이라곤 없다

"사람은 자신이 처한 상황에 좀처럼 만족하지 못합니다.
 언제나 옆 사람의 처지를 부러워하지만,
 그 옆 사람 역시 자신의 상황에서 벗어나기를 열망합니다."

《빌헬름 마이스터의 수업시대》

노력하며 산다는 것은 바라는 것이 있다는 의미다. 그래서 방황하고 실패해도 다시 일어선다. 원하는 것을 얻으면 모든 것이 해결될 것 같기에 오늘 하루 최선을 다한다. 원하는 대학, 취업, 결혼, 내 집 마련, 자녀 교육 등의 목표를 세우고 매진한다.

그런데 원하는 것을 이루어도 만족은 길게 가지 않는다. 처음에 좋지만 시간이 흐를수록 허무와 권태에 빠진다. 그러면

'다시 ~만 이루면'이라는 단서를 붙인다. 대상을 바꿔 다른 만족을 추구하지만 허무감은 쉽게 사그라지지 않는다. 내가 부러워하는 사람도 가까이서 보면 같은 문제로 힘들어하는 것을 볼 수 있다.

이런 우리 삶을 꿰뚫어 보는 듯 괴테는 《젊은 베르테르의 슬픔》에서 이렇게 전한다.

"사람들은 대개 생계를 위해 대부분의 시간을 소비하다가, 약간의 여유 시간이라도 생기면, 오히려 마음이 불안해져 거기서 벗어나려고 온갖 수단을 다 쓴단 말이야. 아아, 이것도 인간의 운명이라고 해야 한단 말인가!"

쇼펜하우어도 같은 시각으로 우리 삶을 꿰뚫어 본다.

"인간이 선천적으로 지닌 능력의 본래 목적은 역경이 닥쳤을 때 맞설 수 있도록 하는 것이다. 그러나 싸움이 끝나면 그 힘이 넘쳐흘러 놀이에 빠지게 된다. 즉, 아무런 목적 없이 능력을 사용하는 것이다. 그러지 않으면 인간 고뇌의 한 원천인 '따분함'에 빠지기 쉽다."

니체도 《즐거운 지식》에서 같은 메시지를 전한다.

"좀처럼 쉽게 손에 넣을 수 없는 것일수록 더욱 간절히 원하게 된다. 그러나 일단 자신의 것이 되어 시간이 지나면 쓸데없는 것처럼 느껴지기 시작한다. 이것은 사물이든 인간이든 마찬가지다. 이미 손에 넣어 익숙해졌기에 싫증이 나는 것이다. 그러나 사실은 자기 자신에게 싫증을 느끼는 것이다. 손에 넣은 것이 자신의 안에서 변하지 않기 때문에 질리게 된다. 즉, 대상에 대한 자신의 마음이 변하지 않기 때문에 흥미를 잃는 것이다.”

세 철학자가 동시에 원하는 것을 얻어도 만족하지 못하는 게 인간이라고 일갈한다. 우리는 그런 존재다. 원하는 것을 손에 넣고 그것에 익숙해지면 싫증을 느끼는.

심리학에는 '행복의 평균값'이라는 용어가 있다. 어떤 일을 통해 느끼는 만족감이 적정선을 넘어서면 더 이상 증폭되지 않는다는 이론이다. "파리의 낭만은 3일이면 족하다"는 말도 같은 맥락이다. 정말 가 보고 싶고 동경한 곳으로의 여행도 3일이 지나면 똑같은 일상이라고 생각하기에 행복이 지속되지 않는다.

인간은 바라는 목표를 이룬다고 해서 행복해지는 것은 아니다. 한 번의 큰 행복만으로는 지속적으로 행복을 느끼며 살아갈 수가 없는 것이다. 목표를 이루기 위해 노력하며 방황하는 것도 중요하지만 그 과정 안에서 행복을 누릴 수 없다면 목표를 이룬 후에도 행복할 수 없다. 그래서 행복은 강도強度가 아니라 빈도頻度라고 말한다. 한 번의 큰 행복이 아니라 매일의 삶에서 행복을 느끼며 사는 것이 참 행복이라는 것이다.

그러니 오늘의 삶에서 행복하자. 아무 일도 없는 평범한 하루에 감사하자. 큰 목표를 이루지 못했을지라도 오늘 숨 쉬고 있음에 감사하자. 목표를 향한 도전과 노력하고 있는 자신을 축복하자. 일상에서 감사하지 못하고 행복하지 못하면 목표를 이루고 나서의 행복도 누릴 수 없으니. 행복은 특별함이 아니라 보통의 삶에 담겨 있으니. 일상에 감사하며 충만하게 보내는 사람이 허무와 권태에 빠지지 않고 만족한 오늘을 살 수 있다.

행복과 불행은
무엇과 비교하느냐에 달려 있다

"확실히 우리는 모든 것을 우리와 비교하고,
우리를 모든 것과 비교하도록 만들어진 것 같다.
따라서 행복과 불행은 우리가 무엇과 비교하느냐에 달려 있다."

《젊은 베르테르의 슬픔》

우리 삶의 목적은 행복이다. 나와 가족, 이웃과 나라의 행복과
안녕을 위해 오늘 삶에서 헌신하고 땀을 흘린다. 그런데 행복
의 기준은 제각각이다. 건강, 돈, 출세, 명예, 인기, 자아실현, 인
정, 종교적 신념 등 저마다 추구하는 것에 따라 행복과 불행을
느낀다. 자신이 원하고 추구하는 것이 충족되면 만족을 느끼고
행복하다고 여긴다. 자기만의 기준으로 행복감을 느끼면 좋으

런만 인간은 꼭 누군가와 비교하면서 행복의 기준을 삼는다.

괴테의 말처럼 우리는 어쩔 수 없이 비교하려고 드는 존재인가보다. '엄친아'라는 말은 비교의 끝판 왕이다. 엄마 친구의 아들은 모든 면에서 뛰어나다. 그 아들과 비교하며 공부를 독려하지만 오히려 역효과가 나는 경우가 많다. 남편을 비교하고, 아내를 비교하며, 친구와 직장 동료들과 비교하면서 우리는 자신의 행불행을 결정하는 경우가 많다. 이렇게 비교해서는 절대 행복을 누릴 수 없다. 비교하지 말아야 할 것과 비교할 때 불행이 시작되는 거니까. '비교'는 '비'참해지거나 '교'만해지는 길밖에 없다.

괴테는 자신이 한 말과 달리 비교하지 않았다. 자기 스스로 삶의 길을 개척했으며 행복의 문을 열어 갔다. 《젊은 베르테르의 슬픔》의 주인공이었던 샤를로테 부프와의 연애만 봐도 알 수 있다. 부프와의 사랑은 본래 승산이 없었다. 사랑하지만 빼앗을 수도 포기할 수도 없는 상황이었다. 그래서 소설 속에서는 주인공을 죽이지만 자신은 그 문제를 뛰어 넘는다. 문제에 갇히지 않고 문제를 대면하며 감당했다. 대상에게 책임을 떠넘기지 않고 비교하지도 않았다.

괴테의 삶의 모토를 알 수 있는 말이 있다. 괴테는 말년에 자신의 삶을 요약하는 동사 3개를 썼다. "사랑했노라", "괴로워했노라", "배웠노라"이다. 괴테는 사랑하고 때로는 괴로워하고 배우며 자신이 바라는 목표를 이루고 행복한 삶의 여정을 꾸려갔다. 노력하면서 때로는 방황하고 다시 의미 있는 삶을 향해 나아간 것이다.

쇼펜하우어는 행복에 대해 다양한 각도로 이야기한다. 그중에서 가장 핵심이 되는 행복론은 욕망을 줄이면 행복할 수 있다는 것이다.

"큰 불행을 겪지 않으려면 최고의 행복을 바라지 않는 것이 가장 확실한 방법이다."

시선을 어디에 두느냐에 따라 행불행이 결정된다는 이야기도 빠뜨리지 않는다.

"열 가지 중 아홉 가지를 잘해도 한 가지 실패로 낙심하는 사람이 있는가 하면, 하나만 성공해도 만족감을 찾고 밝게 살아가는 사람도 있다."

니체도 다양한 행복의 기준을 이야기 한다. 그중에서도 가장 마음에 와닿은 내용은 《아침놀》에서 전한 말이다.

"모든 행복에는 두 가지 공통점이 있다. 충만한 감정과 그에 따른 자부심이다."

니체는 행복이 단순히 외부적인 조건에 있지 않다고 봤다. 내적인 감정과 자부심이 행복을 가져다준다고 했다. 내적으로 만족하고 자부심을 갖고 살아가면 행복을 실현할 수 있고 생각했다.

행복에 이르는 길은 다양하다. 각자 추구하는 가치에 따라 행불행을 느낀다. 행복은 자기 맘먹기에 달려 있기 때문이다. 하지만 이것 하나만은 기억하자. 비교하지 않고 있는 그대로의 자신을 인정하며 살아갈 때 행복할 수 있다는 것을. 나답게 살아가는 길에 행복의 열매가 맺힌다는 것을. 자기 존재 이유를 발견하고 노력하며 살아갈 때 행복이 깃든다는 것을.

사람은 혼자 지내는 것이 좋지 않네

"사람은 혼자 지내는 것이 좋지 않네. 특히 혼자 일하는 것은 아주 안 좋아.
무슨 일을 성공적으로 해내려면 다른 사람의 협력과 자극이 필요하지.
나는 《아킬레우스》를 실러의 재촉 덕분에 완성했네.
그리고 《파우스트》 제2부가 완성된다면 그것도 물론 자네 덕분이네."

《괴테와의 대화》

현대인이 어려워하는 것 중 하나가 사람과의 관계다. 출근하기
싫은 것은 일 때문이 아니라 관계 때문인 경우가 많다. 관계로
지치고 힘겨워한다. 그러다 보니 이제는 사람보다 기계와 보내
는 시간이 더 많아졌다. 동식물과 함께하는 쪽으로 시간을 할
애하는 사람도 많아졌다. 혼자 살아가는 데 필요한 편의시설과
생활용품은 날로 증가하고 있어 불편함이 없다. 사람과의 사이

에서 힘들어하느니 혼자 지내는 것을 선택하는 것이다. 이런 우리를 꿰뚫어보는 듯이 괴테는 말한다. 사람은 혼자 지내는 것이 좋지 않다고 말이다.

사람은 혼자 살아갈 수 없다. 사랑과 행복은 관계 속에서 피어나기 때문이다. 인생의 성장과 성숙도 관계 속에서 여물어 간다. 인생의 짐을 지워준 사람 덕분에 관계를 배우고 고난의 의미를 깨우친다. 힘겨워했던 관계가 나를 성장시킨 것이다.

일도 다르지 않다. 괴테는 에커만에게 무슨 일을 성공적으로 해내려면 다른 사람의 협력과 자극이 필요하다고 말한다. 실제로 괴테는 수많은 사람들과 관계를 맺으며 성장했다. 바이마르의 카를 아우구스트 대공, 질풍노도 운동을 함께했던 요한 고트프리트 헤르더, 문학과 삶의 깊이를 나누었던 진실한 친구 프리드리히 폰 실러, 인생 말년의 말동무가 되어 준 요한 페터 에커만은 괴테의 협력 관계이자 인생의 동반자였다. 이들 때문에 괴테의 삶과 문학이 있었다고 해도 과언이 아니다. 이외에도 다양한 사람들과 교류하면서 성장과 성숙을 이루어냈다.

혼자 지내는 것이 좋지 않다는 것은 안다. 그럼에도 너무 힘든 관계 때문에 어쩔 수 없이 혼자를 선택한다. 이럴 때 우리에게 필요한 것이 아포리즘이다. 혼자를 넘어 사랑하며 행복한 삶을 살아갈 아포리즘 하나가 내 삶을 바꿀 터닝 포인트가 되어 준다. 먼저 니체의 말로 힘겨운 관계를 극복할 방법을 찾아보자. 니체는 《방랑자와 그 그림자》를 통해 어떻게 사랑하면 좋을지를 이야기한다.

"사랑은 젊고 아름다운 사람을 사랑하여 소유하려 하거나, 훌륭한 삶을 자신의 것으로 만들어 그 영향력 아래에 두려는 것이 아니다. 또한, 사랑한다는 것은 자신과 비슷한 사람을 찾거나 슬픔을 나누는 것도 아니며, 자신을 사랑하는 사람을 기꺼이 받아들이는 것도 아니다. … 사랑은 두 사람의 차이를 메우거나 어느 한쪽을 움츠러들게 하는 것이 아니라, 두 사람 모두 있는 그대로 기뻐하는 것이다."

니체는 사랑이란 소유도 자신의 부족함을 채워주는 것도 아니라고 말한다. 사랑은 '기대'가 아니라 '그대'라는 것이다. 서로의 있는 그대로를 기뻐하는 것이 사랑이란다. 그러니 '기대'는 버리고 '그대'를 바라보자.

쇼펜하우어는 좋은 관계를 '불'로 비유해 이야기한다.

"현명한 사람은 적당한 거리를 유지한 채 불을 다루어 어리석은 자들처럼 너무 가까이 가지 않는다. 어리석은 자는 불 속에 손을 집어넣고 화상을 입은 후, 고독 속으로 도망쳐 불이 뜨겁다고 큰 소리로 불평한다."

쇼펜하우어는 너무 멀지도 너무 가깝지도 않은 적당한 거리가 필요하다고 봤다. 좋은 관계는 함께하기와 거리 두기의 균형이 필요하다며 말이다. 그러니 서로를 위해 적정한 간격을 유지하자. 그 간격 사이로 사랑과 행복의 햇살이 스며들도록.

괴테는 깊은 관계를 유지하려면 다섯 가지가 필요하다고 《서동시집》에서 이야기한다.

다섯 가지를 가로막는 다섯 가지가 있으니,
그대 이 가르침에 귀를 기울여라.
오만한 마음에서는 우정이 싹트지 않고,
무례함은 비천함과 함께하며,
사악한 자는 위대함에 도달할 수 없다.
질투하는 자는 남의 결점을 감싸주지 못하고,
거짓말쟁이는 신실함과 믿음을 헛되이 바란다.
아무도 넘보지 못하도록 이 가르침을 명심하라.

괴테 역시 서로를 존중하고, 겸손하며, 선량하게 행동하며, 진실하고 신뢰할 수 있는 행동이 필요하다고 봤다. 그러니 나의 삶의 태도를 점검하자. 사랑과 행복이 무엇인지 개념도 바로 세우자. 그리고 노력하고 연습하자. 사랑과 행복도 훈련해야 누릴 수 있으니까.

우리는 혼자인 것 같지만 결코 혼자가 아니다. 조금만 고개 돌려보면 나의 등 뒤에서 응원해 주고, 옆에서 손잡아 주고, 앞에서 끌어 주며 함께하는 사랑하는 사람들이 있음을 발견할 수 있다. 보이진 않지만 누군가 날 위해 기도해 준 사람도 있다. 그들이 함께 싸워 주기에 우리는 인생이라는 바다에서 지치지 않고 나아갈 수 있는 것이다. 그러니 혼자 있지 말자. 사람은 혼자 지내는 것이 좋지 않으니.

항상 현재를
소중히 여겨라

"항상 현재를 소중히 여겨라. 어떤 상태든, 어떤 순간이든
무한한 가치가 있다. 각각이 영원의 발현이기 때문이다."

《괴테와의 대화》

사랑과 행복은 현재에 있다. 어제도 내일도 아닌 오늘, 지금 이
순간에 있는 것이다. 한때 사랑하고 행복했어도 지금 사랑하지
않고 행복하지 않다면 무슨 의미가 있겠는가. 내일의 사랑과
행복을 기대하면서 전속력으로 달려도 그 사랑과 행복이 내가
생각하고 있는 그 자리에 기다리고 있을지는 아무도 모른다.
내일이 되면, 기대했던 사랑과 행복은 더 먼발치에서 우리에게

손짓할지도 모른다. 더 빠르게 달려오라고 말이다.

그래서 괴테는 말한다. 항상 이 현재를 소중히 하라고. 어떤 상태에서도 어떤 순간에도 현재는 무한한 가치가 있다고. 〈교훈〉이라는 시에서는 행복의 정의를 명확하게 전해 준다.

어디까지 추구해야 만족할 것인가.

보라, 좋은 것은 가까이 있다.

행복을 붙잡는 법을 배워라.

행복은 늘 그 자리에 있으니.

행복과 좋은 것은 항상 가까이에 있는 법이다. 거창한 것이 아니라 당연한 일상에 숨은 그림처럼 숨겨져 있다. 철마다 피는 꽃, 따사로운 햇살과 계절과 함께 불어오는 바람, 가족들의 존재, 세 끼니의 식사, 다시 아침을 맞고 저녁을 맞이하는 삶 속에 숨겨져 있는 행복을 찾아내는 사람이 행복한 오늘을 살아가는 것이다.

그런데 우리는 숨은 그림 찾기에 능숙하지 못하다. 지금보다 더 대단하고 멋진 것을 기대하기 때문이다. 오늘도 셀 수 없을 정도로 많이 사랑하고 행복할 수 있는 기회가 있지만 내일에 대한 기대로 보류해 둔다. 내일의 미소를 위해 오늘 수많은 미소 지을 기회를 놓치며 살아가고 있다.

니체는 《즐거운 지식》에서 행복하려면 함께하는 구성원들이 모두 즐거운 마음으로 지내야 한다고 말한다. 한 사람이라도 즐겁지 않으면 그 사람 때문에 행복이 깨진다며 말이다.

"즐거움을 느끼지 못하는 것은 바람직하지 않다. 힘겨운 일에서 잠시 벗어나 지금을 제대로 즐겨야 한다. 가정에 즐겁지 않은 사람이 단 한 명만 있어도 모두가 우울해지고, 가정은 어둠이 드리워진 불쾌한 곳이 된다. 그룹이나 조직도 마찬가지다. 가능한 한 행복하게 살아라. 그러기 위해 현재를 즐겨라. 마음껏 웃고, 이 순간을 온몸으로 만끽하라."

니체는 "내일 죽을 것처럼 오늘을 사랑하며 살라"고 조언한다. 쇼펜하우어도 현재의 중요성을 강조한다. 오늘은 내 삶에 단 한 번뿐인 날이라며 말이다.

"오늘이라는 날은 단 한 번뿐이며 두 번 다시 찾아오지 않음을 항상 명심하라."

우리의 삶은 지금 여기의 연속이다. 오늘 현재를 어떻게 사는지에 따라 사랑과 행복이 내 것이 될 수도 영원한 기대로 남을 수 있다. 내일의 행복을 위해 악착같이 뛰어다는 것도 좋다.

하지만 오늘 사랑하고 행복할 기회는 놓치지 말자. 내 곁에 있는 사람들이 지금처럼 항상 기다리고 있는 것은 아니니까. 지금 이 순간은 두 번 다시는 찾아올 수 없으니까.

창문을 열어 놓게
빛이 더 들어오도록

"창문을 열어 놓게. 빛이 더 들어오도록…"

괴테의 마지막 말

삶의 마지막 순간이 다가오면 어떤 말을 할까. 후회와 미련의 말일까, 아니면 만족했고 행복했다는 말일까. 인생의 끝자락에 남기는 말이 모든 삶의 대변일 수 있다. 가장 그 사람다운 말이 남겨지기에 우리는 유언의 말을 들으려고 한다. 그런데 괴테의 마지막 말은 여느 사람들과는 사뭇 다르다. "창문을 열어 놓게. 빛이 더 들어오도록…"이라니.

이 말은 삶의 모든 순간을 최선을 다해 살았고 마지막 순간에도 그 자세를 잃지 않은 괴테를 보게 한다. 마지막 순간에도 삶에 대한 열정이 느껴지는 말이다. 죽음을 닷새 남긴 순간에도 《파우스트》에 대한 애정 어린 마음을 피력한다. 《파우스트》의 집필 단계와 시기에 대한 빌헬름 폰의 질문에 답한 편지를 보면 알 수 있다.

"내게 주어진 것과 남아 있는 것을 최대한 발전시키고, 나의 고유한 특성을 유지하는 것보다 더 절박한 일은 없습니다. 존경하는 친구여, 당신도 당신의 자리에서 나와 같은 일을 하고 있을 거라 믿습니다. 그러니 당신이 하는 일에 대해서도 저에게 알려 주십시오."

괴테는 삶의 마지막 순간에도 고뇌했다. 죽음을 1년 앞둔 시점에 완성한 《파우스트》를 세간의 시선을 의식해 봉인할 수밖에 없었던 아픔을 편지로 나눈다. 그리고 배움에 대한 의지가 여전히 남아 있음을 전한다. 그래서인지 죽음의 순간조차 다르다. 괴테는 안락의자에 몸을 기대어 앉은 채 숨을 거둔다. 창밖을 바라보면서. 조금 더 빛이 들어오길 바라면서.

괴테의 삶의 가치는 메피스토와의 내기에서 마침표를 찍을 때 드러난다. 파우스트는 만족스러운 순간에 "멈추어라, 너 정말 아름답구나"라고 외친 후 다음과 같은 말을 이어 간다.

내가 세상에 남긴 흔적은

영원히 사라지지 않을 것이다.

이 드높은 행복을 예감하며

지금 최고의 순간을 만끽하고 있노라.

이 말이 괴테의 최후의 말과 오버랩되는 것이 신기하다. 인간 괴테는 죽었지만 그의 흔적은 영원히 남아서 많은 사람의 지식과 가치와 삶에 창문을 열어 주고 있으니 말이다. 그는 자신의 작품으로 살아남아 지금도 깨달음의 빛을 인류에게 스며들게 하고 있다. 마음의 창, 생각의 창을 여는 사람들은 괴테의 사유와 가치들이 빛나는 인생을 살도록 이끌 테니 말이다.

그러니 삶이 고통스럽고 나아갈 길이 보이지 않아도 창문만은 열어 놓자. 가능성의, 사랑과 행복의, 소망의, 지혜와 배움의 창문을. 또한 내 인생의 마지막 순간에 인생이 아름다웠다고 말할 수 있는 창문을 열자. 그 창문으로 바라고 소망하는 빛이 들어올 수 있도록….

참고문헌

《곁에 두고 읽는 괴테》, 사이토 다카시 지음, 이정은 옮김, 홍익출판사

《괴테 불멸의 사랑》, 이상기 지음, 푸른숲

《괴테》, 페터 뵈르너 지음, 송동준 옮김, 한길사

《괴테가 읽어주는 인생》, 요한 볼프강 폰 괴테 지음, 데키나 오사무 엮고 지음, 김윤경
　　옮김, 흐름출판

《괴테사전》, 한국괴테학회 지음, HUEBOOKS

《괴테에게 길을 묻다》, 요한 볼프강 폰 괴테 지음, 박계수 옮김, 석계

《괴테와 다산, 통하다》, 최종고 지음, 추수밭

《괴테와의 대화》, 요한 페터 에커만 지음, 박영구 옮김, 푸른숲

《괴테의 말》, 가나모리 시게나리, 나가오 다케시 엮음, 박재현 옮김, 삼호미디어

《괴테의 하루 한마디》, 기하라 부이치 엮음, 채숙향 옮김, 지식여행

《괴테 자서전 나의 인생, 시와 진실》, 요한 볼프강 폰 괴테 지음, 이관우 옮김,
　　우물이있는집

《꿈꾸고 사랑했네 해처럼 맑게》, 전영애 지음, 문학동네

《남에게 보려주려고 인생을 낭비하지 마라》, 아르투어 쇼펜하우어 지음, 박제헌 옮김, 페이지2

《니체, 누가 당신의 인생을 그저 그렇다고 하는가》, 예저우 지음, 정호운 옮김, 오렌지연필

《니체의 말》, 시라토리 하루히코 엮음, 박재현 옮김, 삼호미디어

《니체의 인간학》, 나카지마 요시미치 지음, 이지수 옮김, 다산북스

《당신의 인생이 왜 힘들지 않아야 한다고 생각하십니까》, 아르투어 쇼펜하우어 지음, 김욱 엮고 옮김, 포레스트북스

《마흔, 괴테처럼》, 이남석 지음, 사계절

《마흔에 읽는 니체》, 장재형 지음, 유노북스

《마흔에 읽는 쇼펜하우어》, 강용수 지음, 유노북스

《빌헬름 마이스터의 수업시대1, 2》, 요한 볼프강 폰 괴테 지음, 안삼환 옮김, 민음사

《빌헬름 마이스터의 편력시대1, 2》, 요한 볼프강 폰 괴테 지음, 안삼환 옮김, 민음사

《서동시집》, 요한 볼프강 폰 괴테 지음, 안문영 외 옮김, 문학과지성사

《쇼펜하우어 인생론》, 아르투어 쇼펜하우어 지음, 최현 옮김, 종합출판범우

《쇼펜하우어 잠언집》, 아르투어 쇼펜하우어 지음, 박별 옮김, 뜻이있는사람들

《쇼펜하우어 문장론》, 아르투어 쇼펜하우어 지음, 김욱 옮김, 지훈

《쇼펜하우어의 인생 수업》, 아르투어 쇼펜하우어 지음, 강현규 엮음, 이상희 옮김, 메이트북스

《쇼펜하우어의 행복론과 인생론》, 아르투어 쇼펜하우어 지음, 홍성광 옮김, 을유문화사

《실리콘밸리에서 만난 괴테와 스티브 잡스의 대화》, 김성국 지음, 휘즈북스

《의지와 표상으로서의 세계》, 아르투어 쇼펜하우어 지음, 홍성광 옮김, 을유문화사

《이 사람을 보라》, 프리드리히 니체 지음, 박찬국 옮김, 아카넷

《이탈리아 기행1, 2》 요한 볼프강 폰 괴테 지음, 홍성광 옮김, 펭귄클래식코리아

《인간적인 너무나 인간적인》, 프리드리히 니체 지음, 강두식 옮김, 동서문화사

《인생정원》 성종상 지음, 스노우폭스북스

《잠언과 성찰》, 요한 볼프강 폰 괴테 지음, 장영태 옮김, 유로서적

《젊은 베르테르의 슬픔》, 요한 볼프강 폰 괴테 지음, 박찬기 옮김, 민음사

《차라투스트라는 이렇게 말했다》, 프리드리히 니체 지음, 장희창 옮김, 민음사

《차라투스트라는 이렇게 말했다》, 프리드리히 니체 지음, 정동호 옮김, 책세상

《친화력》, 요한 볼프강 폰 괴테 지음, 장희창 옮김, 을유문화사

《파우스트1, 2》, 요한 볼프강 폰 괴테 지음, 이인웅 옮김, 문학동네

《파우스트1, 2》, 요한 볼프강 폰 괴테 지음, 정서웅 옮김, 민음사

《폰 괴테를 읽다》, 요한 볼프강 폰 괴테 지음, 류시건 옮김, 오늘의책